Für meinen Vater
Tatălui meu
JOHANN IOAN JACOBI

Text
Peter Jacobi

Fotografie
Peter Jacobi

Introducere
Einführung
Ioana Vlasiu
Liviana Dan

Druck
Süddeutsche Verlagsgesellschaft Ulm

Sponsorizat de Asociația Sibiu 2007
Gefördert vom Verein Sibiu 2007

Verlag
Buchversand Südost
im Wort + Welt + Bild Verlag München
www.siebenbuergen-buch.de

Copyright 2007 by Wort + Welt + Bild Verlag München

Das Werk einschließlich aller seiner Teile ist urheberrechtlich geschützt.

ISBN: 978-3-9810825-4-8

Grafische Gestaltung und Satz: Klaus Heider, Peter Jacobi, Vera Bott

Gesamtherstellung: Süddeutsche Verlagsgesellschaft Ulm

Hermannstadt/Luxemburg Kulturhauptstädte Europas 2007
Sibiu/Luxemburg Capitale Culurale Europeene 2007
Ort der Ausstellung: Evangelische Stadtpfarrkirche Ferula
Wanderausstellung
Locul expoziției: Ferula în Biserica evanghelică
Expoziție itinerantă
2. - 30. August und 18. -30. September 2007

Foto: Coperta fața, Vorderseite: Gergeschdorf/Ungurei

Foto: Coperta spate, Rückseite: Scharosch an der Kockel/Șaroș pe Târnave

SIEBENBÜRGEN BILDER EINER REISE
WEHR- UND KIRCHENBURGEN
EIN BERICHT VON
PETER JACOBI
PELEGRIN PRIN TRANSILVANIA

  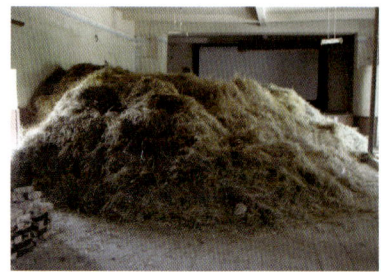

2005 Petersdorf Ms. Schule. Petiş. Şcoala   2005 Tobsdorf. Dupuş   2005 Schemlack. Gemeindesaal Şemlac. Casa comunală

Peter Jacobi peregrin prin Transilvania

Peter Jacobi se numără printre artiştii care au simţit nevoia să reia legătura cu România, întreruptă cu mulţi ani în urmă, în 1970, când cu ocazia participării în pavilionul român de la bienala din Veneţia decidea să emigreze.

Revenirile lui în România după căderea comunismului au cunoscut cel puţin două momente importante – expoziţia din 1993 de la Bucureşti, la Artexpo, itinerată în anul următor la muzeele de artă din Sibiu, Craiova, Braşov, Bistriţa, Cluj apoi expoziţia de anvergura din 2002 de la Muzeul naţional de artă din Bucureşti. Instituţiile care au găzduit expoziţiile îşi au meritul lor, dar nu e mai puţin adevărat că lui Peter Jacobi publicul românesc nu i-a fost indiferent şi cu atât mai puţin refacerea legăturilor brutal întrerupte şi imposibil de întreţinut în condiţiile existenţei cortinei de fier, cu mediul unde s-a născut şi s-a format ca artist.

Dar poate că adevărata întoarcere acasă a lui Peter Jacobi o reprezintă campania de fotografiere a bisericilor din Transilvania, începută în 2004 şi continuată în 2005, când timp de mai multe luni colindă satele săseşti cele mai îndepărtate, inventariind peste două sute de localităţi cu pasiunea şi acribia unui cercetător dedicat subiectului său, dar şi cu nostalgia fiului rătăcitor. Originar din satul Streitfort (Mercheaşa) prin tatăl şi bunicii săi, Peter Jacobi se naşte la Ploieşti, avatarurile familiei sale în anii războiului şi imediat următori ducându-l prin multe locuri ale României.

Bisericile fortificate ale saşilor din Transilvania, unele datând din sec. al XII-lea, formează un patrimoniu istoric şi cultural excepţional, ameninţat astăzi mai mult ca niciodată prin plecarea masivă a saşilor după al doilea război mondial care s-a accentuat după căderea comunismului până la limita dramatică a depopulării totale a unor sate. Bisericile nu îşi mai pot împlini rostul, credincioşii de care şi pentru care fuseseră ridicate nu le mai pot purta de grijă. Singura şansă a conservării lor, dincolo de obligaţiile autorităţilor locale sau ale organismele specializate în conservarea şi restaurarea patrimoniului naţional mai mult sau mai puţin eficiente, rămâne interesul şi efortul unor entuziaşti care, ca Peter Jacobi, se dedică unei nobile (imposibile?) misiuni: salvarea monumentelor.

Munca lui Jacobi reuneşte datele şi chiar exigenţele unei cercetări istorice şi antropologice cu cele ale unui reportaj. Într-o primă fază o selecţie de fotografii a fost pusă pe Internet (Sit în lucru) împreună cu un apel pentru salvarea monumentelor. Prima urgenţă era mobilizarea resurselor pentru a opri distrugerea în unele cazuri deja avansată a monumentelor. Notele anexate fiecărui monument menţionează starea lui generală şi urgenţele privind remedierea deteriorărilor. Sunt date referitoare la starea acoperişului în primul rând, la zidărie, tencuială, starea altarului, a orgii. Pe lângă altarele foarte vechi, există şi altare moderne, demne de tot interesul, de pildă cel pictat de Alfred Coulin în 1930 la biserica din Brădeni (Henndorf) Sunt menţionate furturile unor altare sau obiecte de preţ, precum şi deplasarea unor altare în locuri sigure. Existenţa unor restaurări mai vechi sau mai noi este deasemenea indicată. Casele parohiale sau diverse clădiri anexe fac şi ele obiectul unor observaţii de detaliu. Se ajunge la un fel de succintă fişă clinică, uneori cu menţiunea numărului de saşi încă prezent în localitate la acea dată. Interesante sunt cazurile, foarte rare de altfel, de preluare a unor biserici evanghelice de către ortodocşi. Bisericile de la Dorolea (Kleinbistritz) sau Dumitriţa (Waltersdorf) sunt astfel de exemple de aculturaţie, foarte expresive ca spectacol vizual prin însuşi eclectismul lor – elemente de cult ortodox şi decor folcloric românesc suprapus unui plan şi unei structuri spaţiale protestante. Iconostasul ia locul altarului, o zugrăveală veselă şi pestriţă şi ştergare brodate cu flori roşii se pliază arhitecturii existente, subminând însă austeritatea atât de impresionantă a bisericolor protestante.

| 2004 Streitfort Der Spruch meines Urgroßvaters Mercheașa. Scrisul străbunicului meu | Juni 2004 Streitfort. Mercheașa | Sept. 2004 Streitfort. Mercheașa |

Dar dincolo de aspectul documentar și imediat practic se distinge în demersul lui Peter Jacobi nevoia unui imersiuni în propriul trecut, a unui pelerinaj la sursele civilizației transilvănene. Peter Jacobi a urmat o traiectorie afectivă, a scrutat memoria colectivă și propria biografie și nu în ultimul rând a trăit o experiență artistică inedită și tulburătoare. Stratificate sau întrepătrunse, toate aceste perspective se dezvăluie în miile de fotografii ale monumentelor săsești din care paginile acestei cărți nu pot oferi, inevitabil, decât o selecție limitată.

Emoționante sunt imaginile îngrijitorilor sau îngrijitoarelor bisericilor, acolo unde mai există așa ceva, cu toții oameni trecuți de 70 de ani. Martin Werner din Meschendorf are 95 de ani. În sat mai sunt 5 sași varstnici „Nici un urmaș pentru Martin Werner", notează sec Peter Jacobi. Acești ultimi supraviețuitori par desprinși din paginile acelei cărți extraordinare despre singurătate a lui Dino Buzatti, „Deșertul tătarilor", unde păzitorii ultimului avanpost, de mult abandonat, de la marginea regatului continuă să-și îndeplinească datoria, să trăiască după severe reguli militare și să vegheze cu ochii ațintiți în zare într-o așteptare fără sens.

În astfel de locuri inscripțiile de pe pereți precum acel drastic „Roagă-te și muncește" („Bete und arbeite"), formează elementele unui cod moral care răsună astăzi în gol. Uneori însă ai impresia că parcă ți s-ar adresa direct, ca un reproș pentru trecătorul grăbit și superficial care ești, precum acel patetic „Rămâi cu noi, se lasă seara" („Bleibe bei uns denn es will Abend werden") din biserica de la Bunești (Bodendorf). Un suflu al părăsirii, al extincției bântuie toate aceste imagini.

Deși spațiu familiar în care Peter Jacobi se regăsește prin origine și educație, este încă loc aici pentru aventură, o aventură artistică în primul rând. Sunt fotografii care focalizează imagini aparent fără legătură cu monumentul și care în lipsa identificării lor ar fi greu localizabile. Insolitul țâșnește chiar din miezul familiarității. Devine vizibilă în aceste situații o întreagă cultură artistică contemporană și estetică vizuală în care fotografia este utilizată ca mijloc original de producere de imagini.

Ascunzișurile bisericilor sau turnurilor, acele părți ale construcțiilor care nu sunt destinate uzului comun oferă privirii lui Peter Jacobi o materie primă foarte bogată.

Podurile bisericilor sunt un fel de spații miraculoase. Bachelard credea că „podul atribuie unei case o înălțime specială, o face să participe la viața aeriană a cuiburilor". („par le grenier la maison prend une singuliere hauteur, elle participe a la vie aerienne des nids".) Acoperișurile ciuruite din fotografiile lui Jacobi lasă să străbată lumina în întunecimea podului ca o boltă înstelată. Podul acesta e un loc al visării, al unei neașteptate deschideri cosmice. Și Brâncuși în fotografiile propriilor lucrări prin care încerca să impună privitorului o anume percepție și interpretare a operei sale, imprima fotografiei o funcție proiectivă, anticipatoare, totodată intens poetică.

Alteori podurile păstrează încă lăzile de depozitat alimente cu forme de sarcofag antic de unde puternica sugestie de spațiu funerar. Privind aceste fotografii de la Henndorf (Brădeni) am avut o clipă impresia că mă aflu în British Museum în sala sarcofagelor egiptene. Obsesia thanatică traversează întreaga activitate artistică a lui Peter Jacobi de la un moment dat încolo. Buncărele, munții de moloz atât de stranii formați din dărâmăturile de după război, integrați, paradoxal de pașnic, în peisaj și botezate, cu resemnare și umor, Monte Scherbellino, mormintelor românilor și sașilor transilvăneni celebri de la Emil Cioran, Mircea Eliade, Eugen Ionesco și Tristan Tzara la Paul Celan, de la Carl Fieltsch la Henri Nouveau, figurile încremenite ale doamnelor de altădată îmbrăcate în costum popular prin care efemerul se insinuează în durată, au format pe rând obiectul mai multor serii de fotografii cu intervenții digitale, lucrate în Germania începând din anii 80 încoace.

2005 Meschendorf/Meșendorf
Martin Werner. 95 Jahre/ani

2005 Reußdörfchen/Ruișcior
Martin Balasch, Martin Roth

2005 Reichesdorf/Richiș. Kurator Hans Schaas

Noi serii tematice pornesc acum din experiența vizuală acumulată în contact cu monumentele transilvănene. Imaginarul lui Peter Jacobi reinvestește simbolic trecutul dezafectat, îl reabilitează în termenii propriei subiectivități. Interioarele turlelor cu mecanismele lor primitive dar atât de perfecte ale orologiilor, pietre brute sau fasonate ca niște ovoide brancușiene legate în plase de sfori, suspendate cu funii ele înseși sugestive și spectaculoase, construcții simple, dar funcționale și eficiente, sunt mărturii elocvente ale mentalității de bricoleur despre care scria la un moment dat Levi Strauss. Ochiul lui Peter Jacobi vede aici situații plastice inedite, instalații involuntare pe care le recuperează din perspectiva unei gândiri artistice actuale. Scheletul constructiv de lemn, șarpanta geometrică a bârnelor multiseculare se revelează privirii sculptorului Jacobi ca sculptură conceptuală de cea mai riguroasă esență. Altarul acoperit cu o pâslă groasă trimite la situațiile plastice inventate de Beuys.

Înfruntarea dintre ordine și distrugere, dintre construcție și entropie este poate tema majoră căreia i se subsumează întreg acest capitol al activității lui Jacobi. Și, paradoxal, sensul distrugerii, al abandonului este mai acut acolo unde ruina nu și-a început încă lucrarea, unde totul este încă ordonat și bine întreținut, dar unde muzeificarea a luat locul vieții.

Setul de fotografii cu calitățile lor documentare și artistice nu epuizează intervenția lui Petre Jacobi. Întreaga peregrinare din sat în sat, de la o biserică la alta, se încarcă cu valoare simbolică. Jacobi e un alt peregrin transilvan, la alt ceas al istoriei, cu alte motivații și obsesii, care ridică un monument efemer monumentelor transilvănene vechi de șapte secole. Nu e vorba aici de nostalgie resemnată, pentru că în cazul lui Peter Jacobi contemplația nu este o piedică în calea impulsului de a acționa, adică de a salva ce mai e de salvat.

Ioana Vlasiu

Peter Jacobis Siebenbürgische Wallfahrt

Peter Jacobi gehört zu jenen Künstlern, denen es ein Bedürfnis war, nach langer Abwesenheit die Verbindung mit Rumänien wieder aufzunehmen. Er hatte 1970, als er an der Biennale in Venedig teilnahm, den Entschluss gefasst, zu emigrieren.

In der Reihe der Kontakte, die Jacobi mit seinem Herkunftsland hatte seit dort die kommunistische Diktatur zusammengebrochen ist, gab es bisher mindestens zwei Höhepunkte: die Ausstellung, die er 1993 in Bukarest, bei Artexpo zeigen konnte (sie wurde im darauf folgenden Jahr in den Museen von Hermannstadt, Craiova, Kronstadt, Bistritz und Klausenburg gezeigt) und die umfassende Schau seiner Werke, die 2002 im Nationalen Kunstmuseum in Bukarest stattfand. Natürlich haben die jeweils veranstaltenden Häuser ihre Verdienste im Zusammenhang mit dem Zustandekommen dieser Veranstaltungen, aber in nicht geringerem Maße stimmt es, dass dem Künstler selbst das rumänische Publikum durchaus nicht gleichgültig war und es ihm sehr daran lag, die die Verbindungen mit dem gesellschaftlichen Medium seiner Herkunft und seiner künstlerischen Ausbildung wieder aufzunehmen. Diese Verbindung war seinerzeit brutal unterbrochen worden musste unterbrochen bleiben solange der Eiserne Vorhang Ost und West trennte.

Es könnte aber sein, dass die wahre Heimkehr des Peter Jacobi erst mit der Fotoreise stattfand, die er 2004 begann und 2005 fortsetzte: monatelang ist er in diesen Jahren durch die Dörfer Siebenbürgens gezogen, auch die weit abgelegenen hat er aufgesucht und über zweihundert Ortschaften "inventarisiert"; er tat das mit der Leidenschaft und der Genauigkeit eines von seinem Thema gebannten Forschers, aber auch mit dem Gefühl des heimkehrenden Sohnes. Peter Jacobis Vater und seine Großeltern stammen aus Streitfort (Mercheașa), er selbst ist in der rumänischen Erdölstadt Ploiești geboren: die Peripetien, die die Familie in den Kriegs- und Nachkriegsjahren durchzu-

2005 Marktschelken. Șeica Mare
Kurator Hans Schiller

2005 Rohrbach. Fremdenführer
Rodbav. Ghiduri

2005 Magarei. Pelișor
Kurator

machen hatte, brachten den wiederholten Ortswechsel mit sich.

Die Kirchenburgen der Siebenbürger Sachsen, von denen einige bereits im XII Jahrhundert erbaut wurden, stellen ein historisches und kulturelles Erbe von unschätzbarem Wert dar, das gerade jetzt, nach dem Massenexodus der deutschen Bevölkerung Rumäniens in höchstem Grade vom Verfall bedroht ist: die Auswanderung, die nach dem Zweiten Weltkrieg begann, hat sich nach dem Ende der kommunistischen Diktatur dramatisch fortgesetzt und heute sind manche Gemeinden weitgehend entvölkert. So können die Kirchen ihre Bestimmung nicht mehr erfüllen, die Gläubigen für die und von denen sie errichtet worden sind, können sie nicht mehr instand halten. Die örtlichen Behörden und die Institutionen, die eigens ins Leben gerufen wurden, um den Schutz und die Restaurierung des nationalen Erbes zu betreiben, sind kaum imstande, dem Verfall entgegenzuwirken, so dass vielleicht die einzige Chance, die wertvollen Denkmäler doch noch zu retten, im Engagement und in den Anstrengungen von Enthusiasten besteht, die sich, wie Peter Jacobi, dieser vornehmen und vielleicht unerfüllbaren Aufgabe widmen.

Die Leistung, die Peter Jacobi hier erbracht hat, erfüllt Anforderungen, wie man sie an historische und anthropologische Forschungsberichte stellt, und trägt zugleich die Züge einer guten Reportage. Zunächst wurde eine Auswahl der eindrucksvollsten Fotografien zusammen mit einem Aufruf zur Rettung der abgebildeten Denkmäler im Internet veröffentlicht. (Wird ausgebaut). Das dringendste Anliegen des Künstlers war es, alle Kräfte zu mobilisieren, die dazu beitragen könnten, den in manchen Fällen schon weit fortgeschrittenen Verfall aufzuhalten. Die dem Abbild jedes einzelnen Gebäudes beigefügten Daten beziehen sich auf den allgemeinen Zustand der Bausubstanz und auf die Dringlichkeit der Maßnahmen, die zu ergreifen wären. Es handelt sich in erster Linie um Angaben, die sich auf den Zustand des Daches beziehen, auf das Mauerwerk, den Verputz, auf die eventuell noch vorhandenen Altäre und Orgeln. So gibt es neben sehr alten Altarbildern auch neuere, die jede Aufmerksamkeit verdienen, wie zum Beispiel das von Arthur Coulin im Jahr 1930 für die Kirche in Brenndorf (Brădeni) gemalte. Es gibt auch Angaben über gestohlene Altarbilder und wertvolles Kirchengerät, das verschwunden ist, sowie über jene Werke, die gesammelt und an sichere Orte verbracht worden sind. Auch Restaurierungsarbeiten, die viel früher, und solche, die in neuerer Zeit unternommen worden sind, wurden verzeichnet. Die genaue Bestandsaufnahme bezieht auch die Pfarrhäuser und andere dazugehörende Gebäude ein. Es ergibt sich somit eine klinische Zustandsbeschreibung und sehr oft wird uns auch mitgeteilt, wie viele sächsische Dorfbewohner es zur Zeit der Bestandsaufnahme noch gab. Von besonderem Interesse sind jene – allerdings seltenen – Fälle, in denen die alten evangelischen Kirchen von den orthodoxen Gemeinden übernommen wurden. Die Kirchen von Dorolea (Kleinbistritz) und Dumitrița (Waltersdorf) können als Beispiele angeführt werden: schon durch ihren Eklektizismus bieten solche Erscheinungen der kulturellen Überschneidung ein höchst wirksames visuelles Schauspiel: orthodoxe Kultgegenstände und dekorative Elemente der rumänischen Folklore überlagern protestantisch geprägte Grundformen und Raumstrukturen. So ersetzt die Ikonosthase den Altar, so fügen sich die bunte, fröhliche Wandmalerei und die mit roten Blumen bestickten Tücher der vorhandenen Architektur, deren beeindruckende Strenge sie jedoch gleichzeitig unterlaufen.

Jenseits ihres dokumentarischen und unmittelbar praktischen Charakters zeichnet sich Peter Jacobis Arbeit jedoch auch dadurch aus, dass sie Ausdruck des Bedürfnisses ist, zur eigenen Vergangenheit in Beziehung zu treten, dass sie eine Art Wallfahrt zu den Ursprüngen der siebenbürgischen Zivilisation darstellt. Jacobi hat die Spur seines Erlebens verfolgt, hat

2005 Bei Bodendorf. Lângă Buneşti | 2005 Bei Bodendorf. Beim Maissähen Buneşti. La semănatul porumbului | 2005 Leblang. Lovnic. Barlady

das kollektive Gedächtnis und die eigene Biographie erforscht und hat, und dies nicht zuletzt, eine neuartige, ergreifende künstlerische Erfahrung gemacht.

All diese Blickrichtungen finden sich, übereinander gelagert oder einander durchdringend, in den Tausenden von Fotografien der siebenbürgisch-sächsischen Denkmäler wieder, von denen der vorliegende Band natürlich nur eine begrenzte Auswahl vorstellen kann.

Ergreifend sind die Bildnisse der Männer und Frauen, die sich – da, wo es so etwas noch gibt – um die Kirchen kümmern. Sie haben, meist die 70 überschritten. Martin Werner in Meschendorf ist 95 Jahre alt. Im Dorf leben noch fünf, vom Alter gezeichnete Siebenbürger Sachsen. „Es gibt keinen Nachfolger für Martin Werner", notiert Jacobi lakonisch. Diese letzten Überlebenden scheinen aus Dino Buzattis exemplarischem Buch über die Einsamkeit, „Die Tatarenwüste", zu stammen, aus jenem Werk, in dem geschildert wird, wie die Wächter einer lange schon aufgegebenen Vorpostenstellung vom Rande eines Reiches ihre Pflicht weiter erfüllen, nach strengen militärischen Regeln leben und in eine Ferne starren, aus der nichts mehr zu erwarten ist.

An vielen Orten tragen die Wände im Inneren der Kirchen Aufschriften, die, wie jenes strenge „Bete und arbeite", heute ins Leere zu gehen scheinen. Manchmal allerdings haben wir den Eindruck, dass die Mahnung sich direkt an uns richtet, dass sie uns, die wir eilig weiterziehen, unsere Oberflächlichkeit vorhalten, so wie jenes pathetische: „Bleibe bei uns, denn es will Abend werden", das wir in Buneşti (Bodendorf) zu lesen bekommen. Ein Hauch von Verlassenheit, von Untergang umspielt diese Bilder.

Für Peter Jacobi sind die Kirchen, die er fotografiert, vertraute architektonische Strukturen: durch seine Herkunft und seinen Werdegang ist er ihnen verbunden; trotzdem öffnet sich aber auch hier ein Raum für das künstlerische Abenteuer. So sehen wir auch Fotografien, die scheinbar gar nichts mit dem dargestellten Monument zu tun haben, die, ohne die nötigen Angaben, schwer lokalisierbar wären. Das Unerwartete bricht aus dem Vertrautesten hervor. Hier kommt eine zeitgenössische künstlerische Kultur in vollem Umfang zum Ausdruck, wir werden mit einer visuellen Ästhetik konfrontiert, in der die Fotografie als originelles Medium der Bildproduktion eingesetzt wird.

In den versteckten Winkeln der Kirchen und ihrer Türme, in jenen Bereichen der Baudenkmäler, die nicht allgemein zugänglich sind, entdeckt Peter Jacobis Blick reiches Material für seine Bilder. Die Dachböden der Kirchen können zu verzauberten Räumen werden. Bachelard meint, dass „durch den Dachboden die Gebäude eine Höhe besonderer Art erhalten, dass sie Anteil am luftigen Leben der Vogelnester haben." Die undichten Dächer vieler Kirchen auf Jacobis Bildern lassen Lichtschimmer in die dunklen Speicherräume fallen und erinnern so an bestirnte Himmelsgewölbe. Der Dachboden ist ein Ort zum träumen, er wird zum Ort der unerwarteten Öffnung zur Welt.

Wenn er seine eigenen Arbeiten ablichtete und dem Betrachter eine gewisse Sicht und Interpretationsweise seines Werkes nahe legen wollte, stattete seinerzeit auch Brâncuşi die Fotografie mit einer entwerfenden, vorausgreifenden, betont poetischen Funktion aus.

Auf manchen dieser Dachböden gibt es auch noch die alten Truhen, in denen Lebensmittel aufbewahrt wurden; sie sehen wie antike Sarkophage aus und suggerieren Räume, die den Toten geweiht sind. Als ich die Bilder aus Henndorf (Brădeni) betrachtete, hatte ich für einen Augenblick den Eindruck, im British Museum, im Saal der ägyptischen Sarkophage zu sein. Von einem gewissen Zeitpunkt an ist übrigens der Todesgedanke in Jacobis künstlerischem Werk in beharrlicher Weise präsent. Die alten Bunker, die

2005 Neustadt. Cristian 2005 Kameloden. Schloss Tekeli 2005 Unbewohntes Pfarrhaus
                         Comlod. Castelul baroc Tekeli   Casa parohială nelocuită

Trümmerberge, diese fremdartig wirkenden Bodenformen aus dem Schutt des Krieges, die sich paradoxerweise friedlich in die Landschaft fügen und ironische Namen wie Monte Scherbellino tragen, die Grabstätten berühmter Landsleute von Emil Cioran, Mircea Eliade, Eugen Ionesco und Tristan Tzara bis zu Paul Celan, Carl Fieltsch oder Henri Nouveau, die unbeweglichen Gesichter der Damen vergangener Zeiten, die, in festliche Volkstracht gekleidet, im Flüchtigen die Dauer zu suggerieren scheinen: all diesen Themen hat der Künstler, seit den achtziger Jahren, Fotoreihen gewidmet, die er digital verfremdete.

Neue Themenkreise erschließen sich jetzt aufgrund der visuellen Erfahrungen, die sich im Umgang mit den siebenbürgischen Baudenkmälern ergeben haben. Peter Jacobi stattet die abgelebte Vergangenheit in seiner Vorstellungswelt symbolisch neu aus, er rehabilitiert das Gewesene Kraft der eigenen Subjektivität. Das Innere der Kirchtürme mit den schlichten, aber perfekt funktionierenden Mechanismen ihrer Uhren, die schweren, unbehauenen oder eiförmig geschliffenen, an Brâncuși erinnernden Steine, die an kräftig-suggestiv wirkenden Seilen hängen – all diese Bildmotive bezeugen nachdrücklich, dass hier, um mit Levi Strauss zu sprechen - der Eifer eines bricoleurs am Werk war. Peter Jacobis geschulter Blick entdeckt unerprobte plastische Effekte, sieht gleichsam „vorgefundene" Installationen, die er von der Warte des zeitgenössischen künstlerischen Denkens aus einholt.
In der geometrischen Konstruktion der Dachstühle mit ihren jahrhundertealten Balken entdeckt er konzeptuelle Bildwerke reinster Essenz. Und der bis zur Renovierung mit Filz umhüllte Altar suggeriert bildnerische Entwürfe von Joseph Beuys.

Die Gegenüberstellung von Ordnung und Zerstörung, von Konstruktion und Entropie scheint überhaupt der Gedanke zu sein, der diesem ganzen Abschnitt von Jacobis Schaffen zu Grunde liegt. Und paradoxerweise tritt die Idee des Niedergangs, der Verlassenheit dort am eindringlichsten ans Licht, wo die Auflösung noch nicht begonnen hat, wo aber das Leben museal erstarrt ist.

Die Serie dieser dokumentarisch wie künstlerisch höchst wertvollen Fotografien schöpft jedoch die Handlungsbereitschaft des Künstlers nicht aus. Diesem ganzen Wandern von Dorf zu Dorf, von Kirche zu Kirche, wächst symbolische Bedeutung zu. Peter Jacobi ist seinerseits ein siebenbürgischer Wanderer, er kommt in einer anderen historischen Zeit, von durchaus anderen Beweggründen und Obsessionen getrieben, um den sieben Jahrhunderte alten transsilvanischen Bauten ein heutiges, ephemeres Denkmal zu setzen. Hier spricht nicht ein resignierender Nostalgiker, das Kontemplative stellt sich hier nicht der Absicht zu handeln in den Weg, dem Willen zu retten, was noch gerettet werden kann.

Ioana Vlasiu

2005 Almen. Alma Vii

2005 Reußmarkt. Miercurea Sibiului

2004 Abtsdorf Md. Ruinöse Ringmauer Țapu. Zid de apărare stricat

Peter Jacobi's peregrination through Transylvania

Peter Jacobi is one of the artists who felt the need to return to Romania after a long time since his emigration in 1970, with the occasion of his participation in the Romanian Pavilion in the Biennale of Venice. Two important moments are to be marked as milestones of his coming back to post-communist Romania -first :the 1993 exhibition of Bucharest, at Artexpo, which was also displayed in the art museums of Sibiu, Craiova, Brașov, Bistrița, the following year, and the second: 2002, the retrospective exhibition in the National Art Museum in Bucharest. The institutions hosting the exhibitions are meritorious, but it is also true that the Romanian public was not indifferent to Peter Jacobi and he strove to resume the relationship with the environment where he had been born and had become an artist, a relationship brutally ended and impossible to maintain within the context of the Iron Curtain.

Perhaps Peter Jacobi's true return to the native land is represented by the campaign of photographing the churches of Transylvania, started in 2004 and continued in 2005, when for several months he strolled in the remotest Saxon villages of Transylvania with the passion and thoroughness of a researcher dedicated to his subject and also with the nostalgia of the wandering son. Peter Jacobi's father and grandparents were from the village of Stritfort (Mercheașa); he got born in Ploiești and his familiy's during the war and after-war years his fathers profession took him to many places in Romania. The Saxons' fortified churches, some dating as back as the 12th century, represent an exceptional historical and cultural patrimony, which is threatened, now more than ever, by the Saxons' massive migration after the Second World War, which increased dramatically after the fall of the communist regime, leading to the total depopulation of several villages. The churches are no longer needed, the believers for whom they were erected cannot take care of them anymore. Their only chance for preservation, apart from the obligations of the local authorities or of the organizations specialized in the preservation and the restoration of the national patrimony, which are more or less efficient, remains the effort and the interest of some enthusiastic people, the likes of Peter Jacobi, who commit themselves to a noble (impossible) mission: the salvation of monuments.

Jacobi's work reunites the data and even the requirements of a historical and anthropological research with those of a reportage. At the first stage a selection of photos was released on the internet (in progress), accompanied by an appeal for the salvation of the monuments. The first emergency was the mobilization of resources in order to stop the (already advanced) destruction of the monuments. The notes annexed to each monument read about its general state and signal the parts which are deteriorated. There are references to the state of the roof, to masonry, plastering, the state of the altar, of the organ. Apart from very old altars, there are also modern altars, deserving attention, for example the one painted by Arthur Coulin in 1930 at the church of Brădeni (Henndorf). The theft of several altars and valuable goods are mentioned, as well as the removal of other altars to safer places. Older or more recent restorations are also mentioned. Parish houses or various annexes are thoroughly examined. Thus, the author draws up a sort of meticulous record in which sometimes even the number of Saxons still present in the locality at the time is mentioned. There are also the very interesting, and yet several cases of Evangelic churches taken over by the Orthodoxs. Such examples of acculturation are the churches of Dorolea (Kleinbistritz) or Dumitrița (Waltersdorf); the eclecticism they put forth turn them into a strange expressive visual spectacle-elements of Orthodox cult and Romanian folklore overlapping a Protestant plan and spatial structure. The iconostasis replaces the altar, the cheerful and mottled wall painting and traditional towels embroidered with red flowers comply with the existing architecture, thus undermining the impressive austerity of the protestant churches.

2005 Bistritz. 2006 wurde das Dach repariert
Bistrița. In 2006 s-a reparat acoperișul

2004 Bodendorf. Turmuhr. Bunești. Ceas

2005 Reußmarkt. Im Turm
Miercurea. În turn

But beyond the documentary-like and practical dimension lies Peter Jacobi's need to immerse into his own past, a need to embark upon a pilgrimage to the sources of Transylvanian civilization. Peter Jacobi followed an affective trajectory, examined the collective memory and his own biography, and he also underwent an unprecedented and moving experience. Stratified or interwoven, all these perspectives are revealed in the thousands of photos of the Saxons' monuments, out of which the pages of these books cannot offer but a limited selection.

There are moving images of the people taking care of the churches, very few indeed and all of them in their seventies. Martin Werner of Meschendorf is ninety-five. There are five more elderly Saxons in the village. "No successor for Martin Werner", remarks Peter Jacobi in a dry tone. These last survivors seem to be taken out of the pages of Dino Buzatti's extraordinary book on loneliness " The Desert of the Tartars", where the guardians of the last outpost, deserted long time ago, keep on doing their duty, living according to severe military rules and watching the horizon in a meaningless wait. In such places the wall inscriptions such as "Pray and work" ("Bete und arbeite") form the elements of a moral code that today sounds obsolete. Nevertheless, sometimes you may feel that it is a reproach addressed to you, the hurried and shallow passer-by, such as that call full of pathos of the church of Bunești : " Stay with us, the night is falling" (Bleibe bei uns denn es will Abend warden). The wind of extinction, of desertion haunts around these images.

Although this is a familiar environment in which Peter Jacobi finds himself though origins and education, there is still place for adventure, first and foremost an artistic one. There are photos that focus on images which are apparently not related to the monument and which would be difficult to localize if the monument were missing. The unwonted springs out of the middle of the familiar.

In these situations one can perceive an entire contemporary artistic culture and a visual esthetics in which the photo is used as an original means to produce images.

The hiding places of the churches or of the towers, those parts that are not usually to be seen offer the gaze of Peter Jacoby some very rich raw material.
The attics of the churches are a sort of miraculous places. Bachelard believed that "the attic "gives the house a special height, makes it participate in the aerial live of the nests" (par le grenier la maison prend une singuliere hauteur, elle participe a la vie aerienne des nids). The pierced roofs of Jacobi's photos let the light sieve through the darkness like a star-lit sky. This roof is a place of dreaming, of an unexpected cosmic opening. Brâncuși himself used to endow the photos of his own works, through which he tried to impose on the looker a certain perception and interpretation, with both an anticipatory and intensely poetic function.

Some other times, the roofs still host the chests in which food used to be stored, chests that look like antic sarcophagi, which give the place the quality of a funerary space. While I was watching these photos from Henndorf (Brădeni) I thought for a moment that I was in the room of the Egyptian sarcophagi at the British Museum. The obsession of death, of Thanatos accompanies Peter Jacobi's whole artistic work from a certain moment on. The bunkers, the mountains of debris so strangely formed after the war, integrated, paradoxically, in a peaceful way, in the landscape and named, humorously and resignedly, "Monte Scherbellino". The tombs of famous Romanians and Transylvanian Saxons, from Emil Cioran, Mircea Eliade, Eugen Ionesco and Tristan Tzara to Paul Celan, from Carl Fieltsch to Henri Nouveau, the still figures of the ladies who lived once upon a time, dressed up in traditional costumes in which the ephemeral converts into durable, were successively the sujects of several series of photographs with digital interventions, made in Germany from the '80s onwards.

2004 Bell. Buia

2004 Bell. Buia. Maria Lopprich

2005 Reußmarkt. Miercurea

Now new thematic series are springing up from the visual experience accumulated in contact with the Transylvanian monuments. The imaginary of Peter Jacobi reinvests symbolically the disused past and rehabilitates it in the terms of his own subjectivity. The interior of the church steeples with the primitive but perfect horologe mechanisms, raw stones or polished in the oval form of Brâncusi's style, wrapped in string bags, hung from ropes which are themselves suggestive and spectacular, simple, yet functional and efficient constructions, are all eloquent evidence of the "bricoleur"-like mentality Levi Strauss wrote about. Jacobi's eyes perceive original artistic contexts, involuntary installations which he recuperates from the perspective of a contemporary artistic line of thought. The wooden geometric framework, the secular beams reveal themselves to the eye of the sculptor Jacobi as a conceptual sculpture of a most rigorous essence. The altars covered in thick felt remind of Joseph Beuys art work.

The confrontation between order and destruction, construction and entropy is perhaps the major theme of this entire chapter of Jacobi's creation. Paradoxically enough, the feeling of destruction, of the abandonment is sharper in those places where the degradation has not started its work yet, where everything is still orderly and well-maintained, but where the museum has replaced life.

The set of artistic and documentary photos do not entirely exhaust Peter Jacobi's intervention. The whole pilgrimage from village to village, from one church to another is charged with a symbolic value. Peter Jacobi is an another Transylvanian pilgrim, in different time, with different motivations and obsessions, who builds an ephemeral monument to the seven-century old Transylvanian monuments. It is not the case of a resigned nostalgia, because for Peter Jacobi, contemplation is not an obstacle for the impulse to act, that is to save what is left to be saved.

Ioana Vlasiu

Sculpture is what you bump into when you back up to see a painting...*

Peter Jacobi este sculptor şi fotograf; el este interesat de timp, de urme, de deschiderea anexată, de glamoarea emoţională, de memorie. Jacobi vine din Transilvania, a plecat din Transilvania şi este din nou implicat in Transilvania.

Sculptura lui Peter Jacobi este adeseori confruntată cu întâmplările ultimelor ore. Instalaţiile şi fotografiile lui Jacobi iradiază inevitabil expresia unei biografii şi emblema unei stări. Confiscat de Transilvania, Peter Jacobi produce un anumit discurs despre tradiţie. Tradiţia nu este ceea ce contestăm în permanenţă, ci ceea ce ignorăm în permanenţă, ceea ce nu mai putem înţelege. Acum, pe moment, Peter Jacobi este un sculptor, care fotografiază o instalaţie / Transilvania / trecându-şi privirile peste această realitate. Dar cât de certă este această realitate? Ceea ce a ars rămâne, urmele se transformă, istoria este salvată de uitare...

Format într-un mediu conservator - academic, Peter Jacobi trăieşte un proces de adaptare prin înţelegere. Ecoul clar la constructivismul rus suportă limitele antreprizei modernităţii... estetica reducţionistă, timpul linear, sentinţa autocritică. Subiectele nu sunt nişte transpuneri literare. Reluate printr-un model teoretic, devin noţiuni de subiectivism, adică subiect şi obiect în acelaşi timp.

Corelaţia este între stil şi conţinut. Peter Jacobi iubeşte semnul social care rezistă în transformarea estetică, drumul de întoarcere, tăcerea exactă, albastrul înviorat, cotidianul, umbra fină de argint şi un ordin clasic armonios. Conceptualismul şi minimalismul sculpturii americane îl duc la o experienţă pre obiectivă, la joaca cu tensiunile teoriei / fringe interference/concomitent pasionate de putere şi de înţelegere. Geometriile abstracte sunt înlocuite de definiţiile locului găsit. Agenda ascunsă este incredibil de pozitivă... meditaţie lucidă între trecutul extrem, tre-

2005 Hundertbücheln. Movile

2004 Wolkendorf Sg. Vulcan Sg.

2004 Schaas. Șaeș

cutul recent și prezent și un univers geometric logic și coerent. Introducerea optică este jumătate gând, jumătate imagine.

Peter Jacobi este o instanță în fotografie. Manevrând un timp care devine vizibil, fotografiile lui devin monumente neintenționate. Demersul științific este corectat de emoție. Transparența oferă acces direct la realitate. Artistul controlează tema, memoria, eleganța. Un filtru volatil alege temele, le transformă, le abandonează, le recheamă. Memoria este o acțiune subiectivă... jucată în vis, jucată în imagine, părăsind un trecut și găsind un prezent. Eleganța apare în conținut, în îndoială, în geometria aluziei. Iar eleganța deliberată accentuează intenția vizuală.

Dimensiunea teoretică prin care fotografia poate fi citită reface structura picturală. Fotografiile au o autonomie artistică. Un optimism cert, puterea limbajului de a transforma baza comunicării și un consens privind identitatea. Fotografia evaluează formele din gesturi și motivele din forme. Peter Jacobi este, adesea, mai interesat de interpretarea motivului, decât de motivul în sine. Motivele primesc astfel o certă ambivalență, renunțând la scop pentru multiple interpretări. Prezente și totuși absente, familiare și totuși străine, ele ne acceptă și totuși ne exclud.

Fotografia lui Peter Jacobi este fie bogat conotativă, fie abstractă, inflexibilă, asociată metaforei. Sensul intuitiv, luminozitatea, percepția materialului oferă un tip de established vision. Fotografia, redevenită cameră imaginară, impune reguli personale. Timpul devine vizibil, iar sensul - un mister ce îl înconjoară.

În fotografie subiectul abstract este o funcție a timpului. În fotografie logica spațiului, organizată în jurul unui mediu dat, este o situație culturală.
Localizată în acești termeni, Transilvania nu este nici site construction, nici peisaj, nici arhitectură. Categoric un loc greu de definit...

Proiect în legătură cu un mediu dat, Transilvania lui Jacobi este o sculptură, este o instalație în relație cu o operație logică... biserica, zidul, cartea, oglinda, grădina, imaginarul și sensibilitatea politică acută, cerul și apa sunt rezervoare de identitate.

Artiștii pot schimba lumea vizibilă în orice fel doresc, atâta timp cât schimbarea este justificată de arta lor. Fotografia are o istorie îndelungată în a fi în același timp folositoare politic și suspectă politic. Simultan poate fi o schimbare postmodernă a convențiilor, sau poate exploata puterea convențiilor.

La ce se gândește Jacobi în timp ce fotografiază Transilvania? Este transfigurarea unui loc comun, un Selbstschutz, (autoapărare) ori un trafic de stranie putere? Controlează Jacobi această putere?

Transilvania poate fi istorie, istorie rescrisă, timp non istoric. Transilvania poate fi medium ori metaforă. Imaginile din copilărie, imaginile stereotipe, clișeele pot fi reale, ireale, fictive, posibile...Între anxietate și izolare peisajele de memorie culturală sunt condensate în eternitate. Tehnica este evocativă, afectivă, expresivă împotriva aspectelor logice, cognitive... Peter Jacobi are pentru Transilvania un stil clar...

Un copac, un vis, o carte și o biserică sunt atât intenție vizuală, cât și factor conținut. Transilvania devine un concept vizual, conținând toți factorii pozitivi și negativi ai unei stări politice, istorice, estetice, de sfârșit și de început... Sculpture is what you bump into when you back up to see a painting...*

Liviana Dan

* Ad Reinhard 1913-1967
Amerikanischer Maler und Kunsttheoretiker
Pictor și teoretician de artă, american

2005. Ungenutzte Weinbergterassen. Terase pentru vii nefolosite →

2005 Peschendorf. Stejăreni

2005 Landschaft bei Reußdorf. Peisaj lângă Cund

2005 Seligstadt. Wehrkirche. Seliștat. Biserică fortificată

2005 Weingartskirchen. Vingart

2005 Wurmloch. Weltkulturerbe der UNESCO. Valea Viilor. Lista monumentelor UNESCO

2005 Felmern. Felmer

2004 Wölz. Velț

2004 Wölz. Velț

2005 Petersdorf bei Marktschelken. Petiş lângă Şeica Mare

2004/5 Abtsdorf/Agneteln. Apoș/Agnita

2005 Neustadt. Noiștat   2005 Glockenturm. Clopotniță   2005 Senndorf. Glockenturm. Jelna. Clopotniță

2005 Kerz. Cârța

2005 Stolzenburg. Slimnic

2005 Paßbusch. Posmuş

2005 Mardisch. Moardăş

2005 Fogarasch. Synagoge. Făgăraș. Sinagogă

2005 Vatra Dornei. Synagoge. Vatra Dornei. Sinagogă

2005 Roseln. Ruja

2005 Petersberg. Sânpetru

2005 Arkeden. Kirchenensemble mit Gemeindehaus. Archita. Ansamblu fortificat cu casa de cultură

2005 Arkeden. Im Gemeindehaus. Archita. In casa de cultură

2005 Senndorf. Jelna   2005 Senndorf. Jelna →

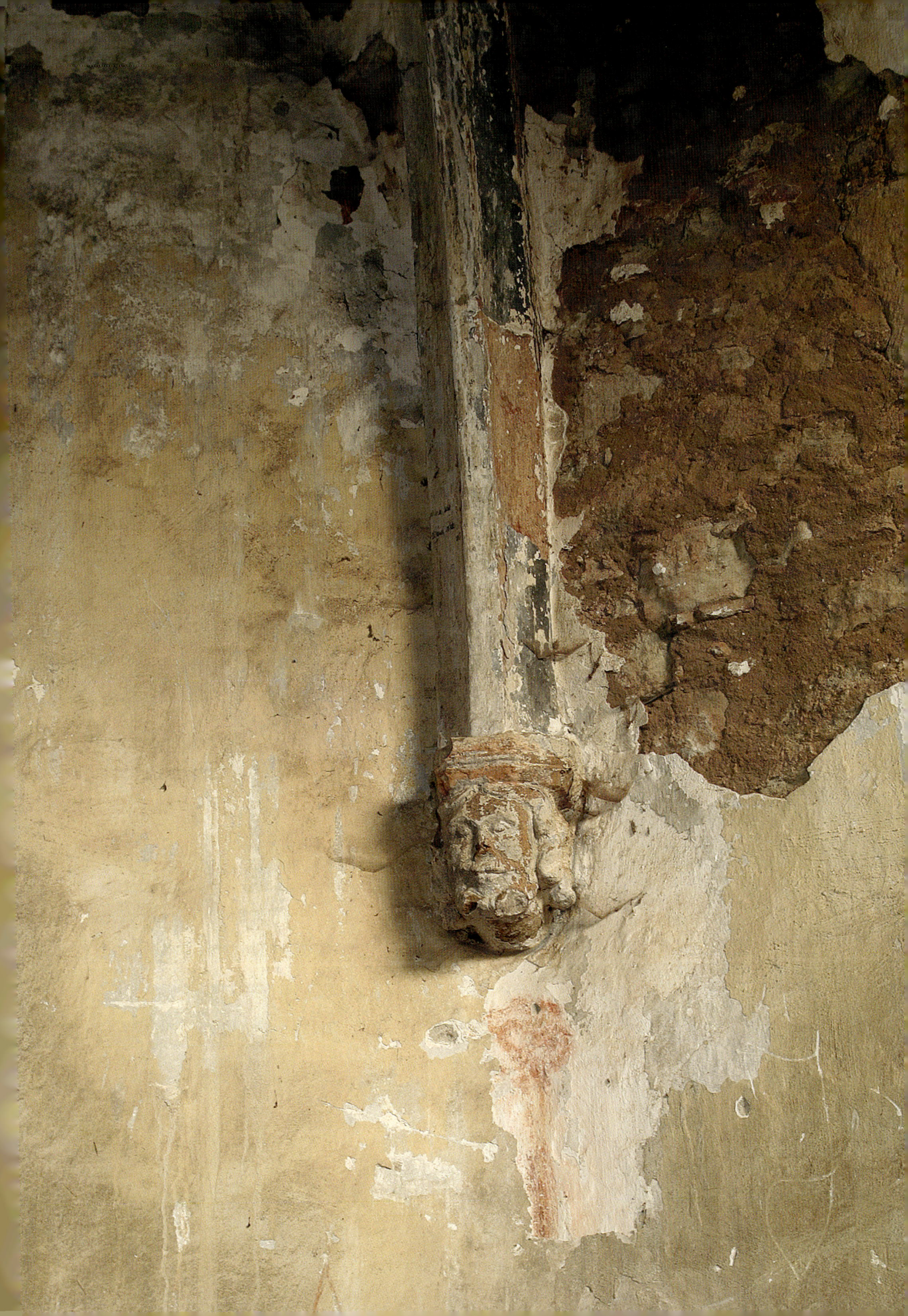

2004 Draas. Drăuşeni   2004 Draas. Drăuşeni

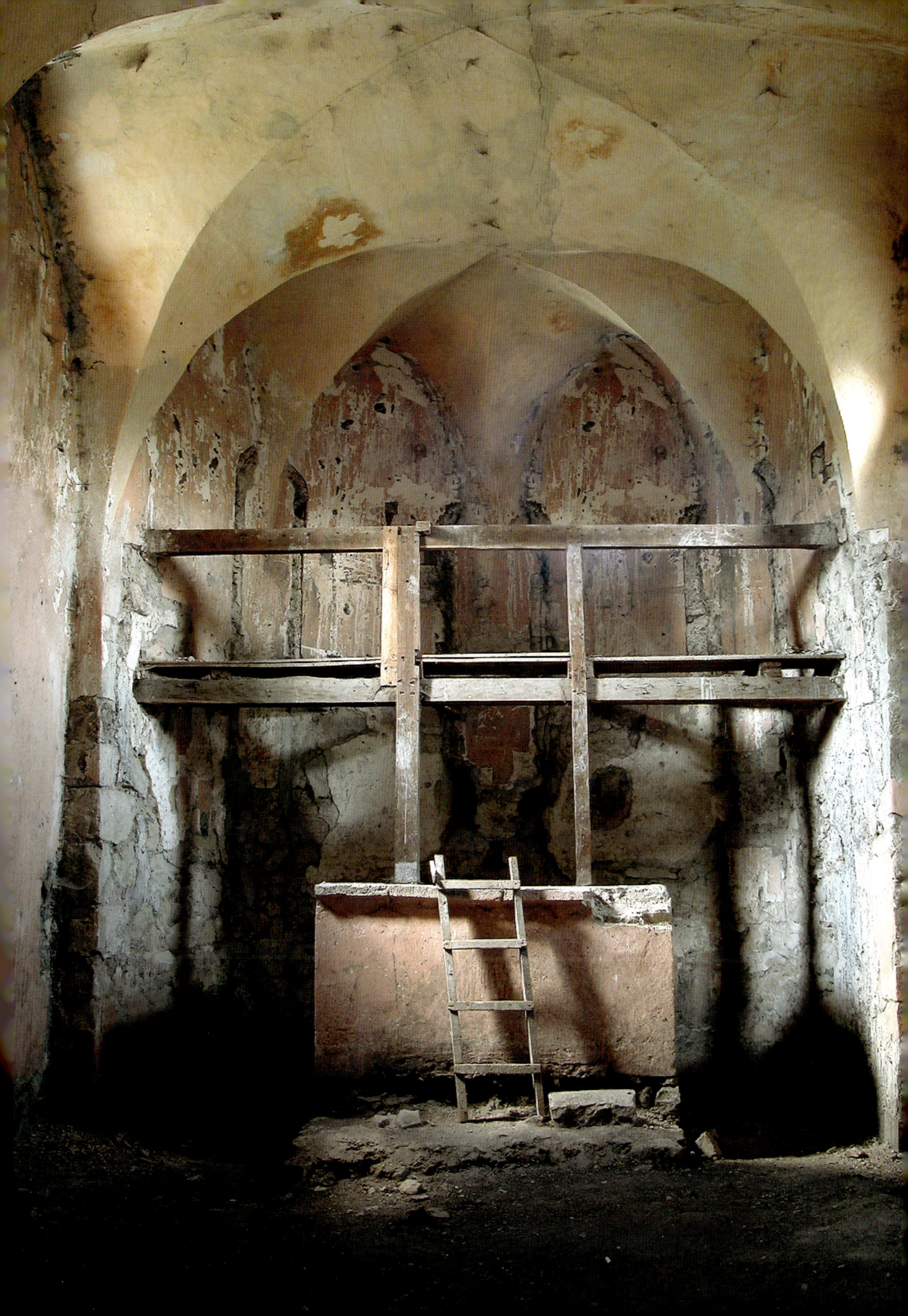

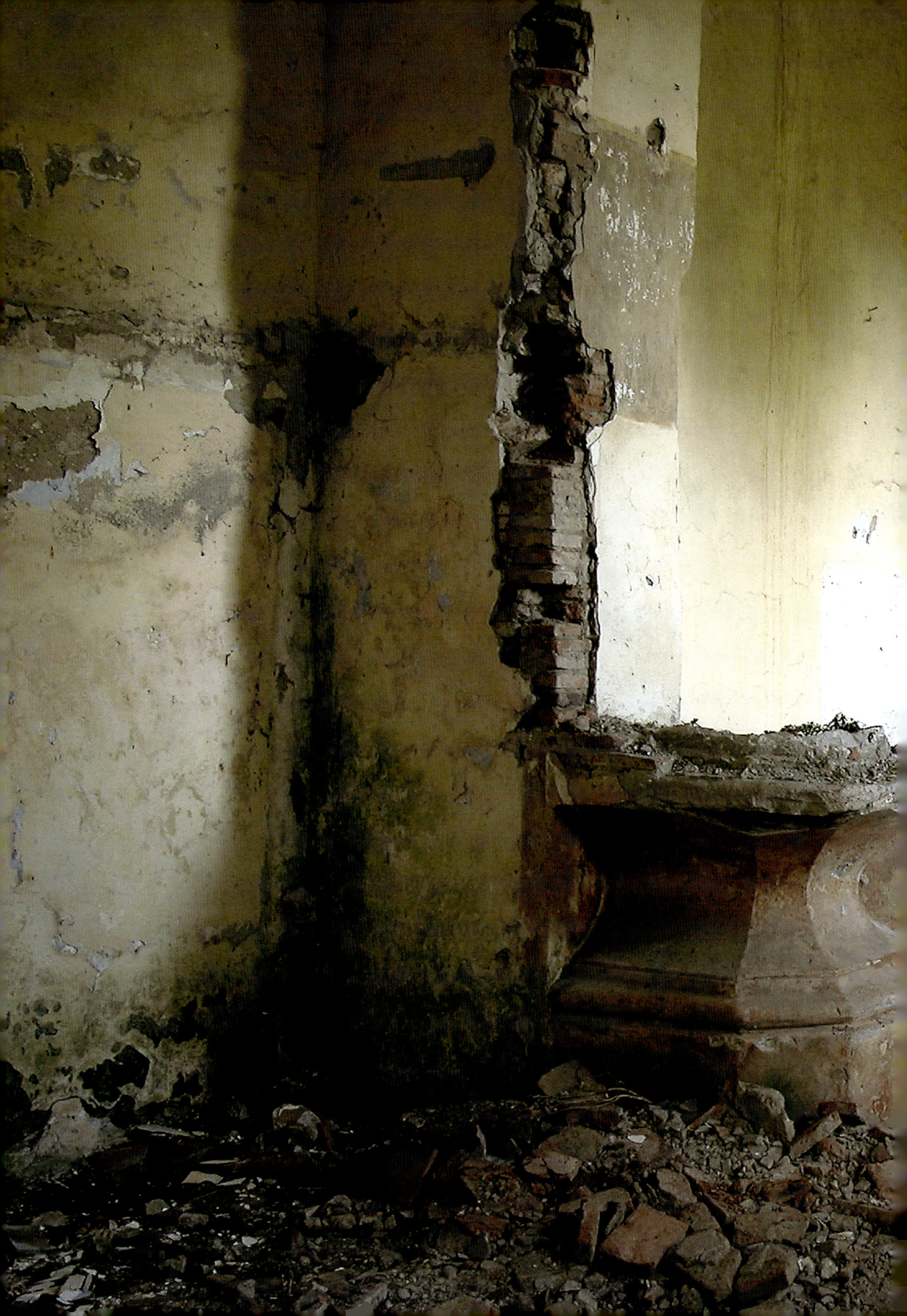

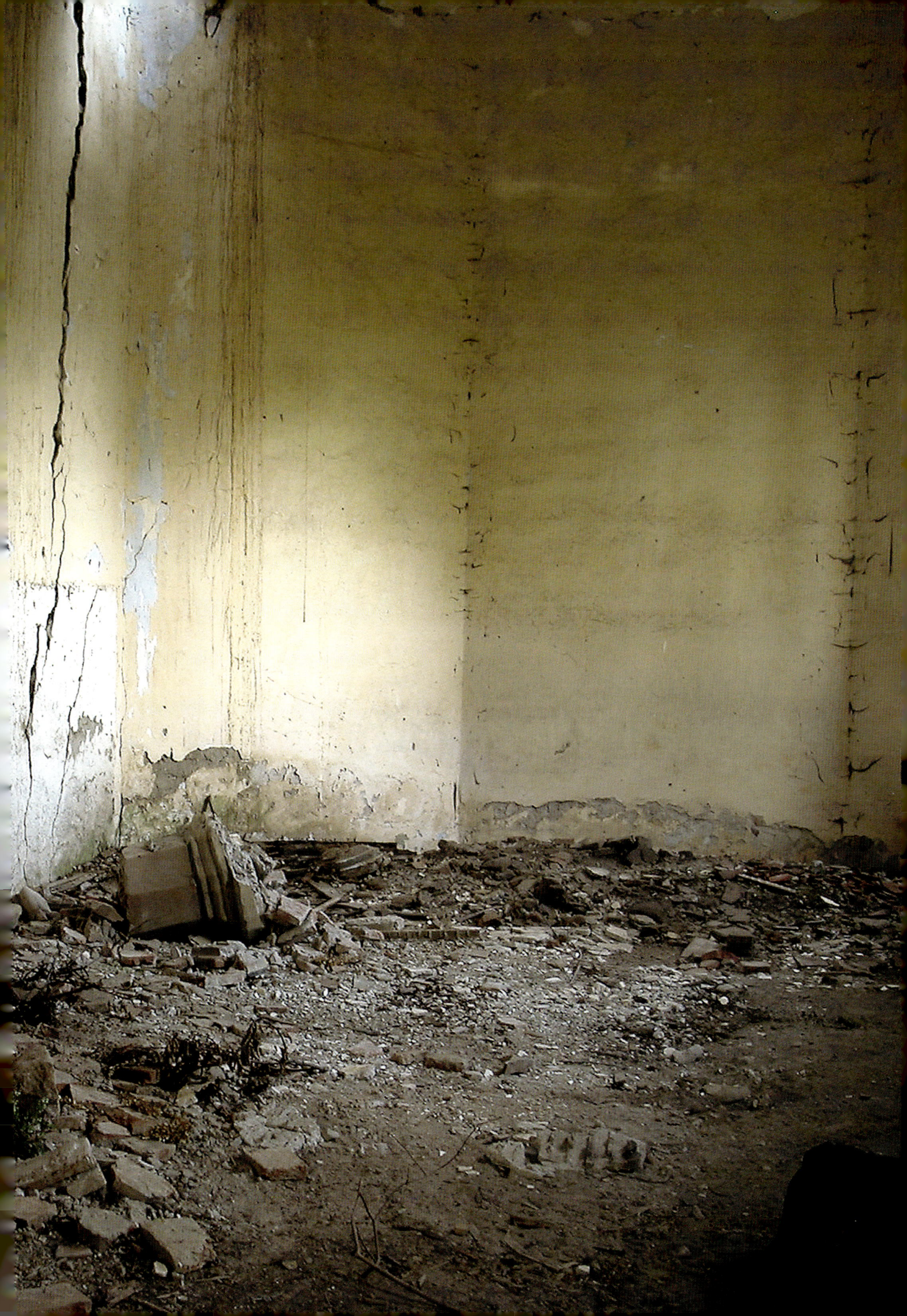

← 2005 Belleschdorf. Idiciu   2005 Bistritz. Bistrița

2005 Felldorf. Filitelnic. Apsis

2005 Kleinschemlak. Şemlacul Mic

2005 Kleinschemlak. Şemlacul Mic

2004 Kircheninnenraum. Interior de biserică

2005 Rätsch. Reciu

2005 Großau. Cristian

2005 Halvelagen. Hoghilag

2005 Niederneudorf. Corvinești

2005 Niederneudorf. Corvinești

2005 Kleinbistritz. Dorolea

2005 Kleinbistritz. Die Stifter des Altars. Dorolea. Donatorii altarului

2005 Rohrbach. Gestohlenes Altarbild und Statuen von Peter und Paul
Rodbav. Pictura de Altar furată, rama goală. Furt statuile Sf.Pavel și Petru

2005 Rothbach. Riss im Altarbild. Rodbav. Taietură în panoul altarului

2005 Neithausen. Netuş

2005 Neithausen. Die Kanzel ist in den Altar integriert.
Netuș. Preotul predică din altar

2005 Michelsdorf. Boarta

2005 Topsdorf. Dupuș

2005 Reußdorf. Vandalismus. Cund. Vandalism

2005 Tekendorf. Teaca

2005 Waldhütten. Kaputter Orgelspieltisch. Valchid. Claviatură de orgă stricată

2005 Jaad. Livezile

2005 Waldhütten. Zerstörte Orgel. Valchid. Orgă vandalizata

2005 Großau. Cristian

2005 Kreisch. Speckkammer. Criş. Camera pentru slănină

2005 Bodendorf. Buneşti

2005 Bodendorf. Kirchengewölbe. Buneşti. Bolta navei

2005 Bodendorf. Deckenfragmente. Buneşti. Nervuri de boltă

2005 Grosseidau. Viile Tecii

2005 Grosseidau. Gemeindesaal. Viile Tecii. Sală communală

2005 Jakobsdorf/Bistr. Sâniacob Bistr.

2005 Wolkendorf/Schäßburg. Vulcan/Sig.   2005 Verlassene Lehrerwohnung. Locuința învățătorului, emigrat →

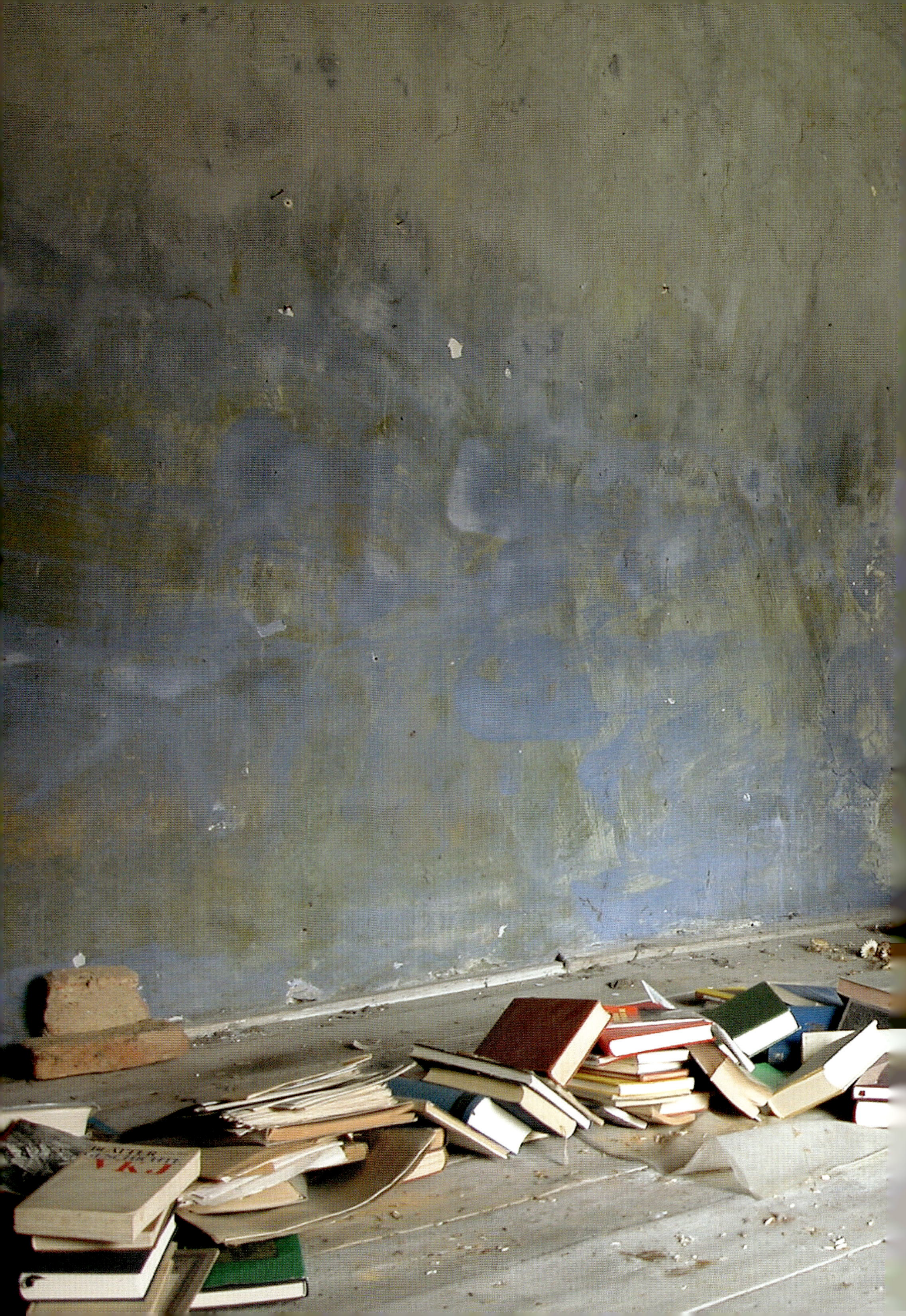

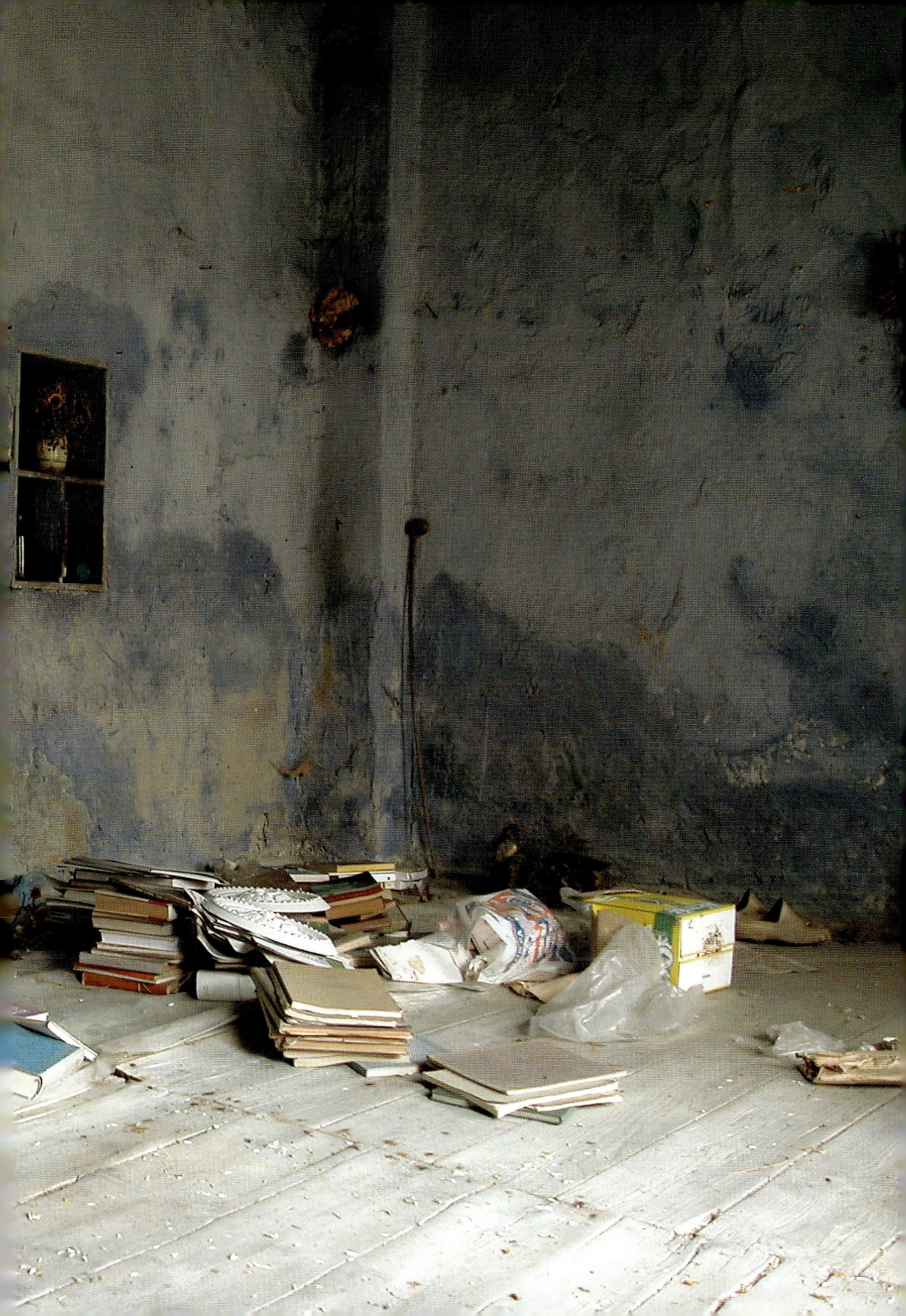

2005 Tobsdorf. Dupuş

2005 Hohndorf. Viișoara

2005 Kirtsch. Kirchenraum. Curciu. Interior de biserică

2005 Honigberg. Hărman

2005 Rohrbach. Glockenseil. Rodbav. Frânghia clopotului

2005 Neithausen. Netuș

2005 Hamruden. Gestohlenes Fresko. Homorod. Frescă furată

2005 Hamruden. Homorod

2004 Rätsch. Das Besteck vom Abschiedsfest der Auswanderer. Reciu. Tacâmurile de la intrunirea de adio a emigranților

2005 Neustadt. Die Trachten der Ausgewanderten. Noiștat. Porturile emigranților →

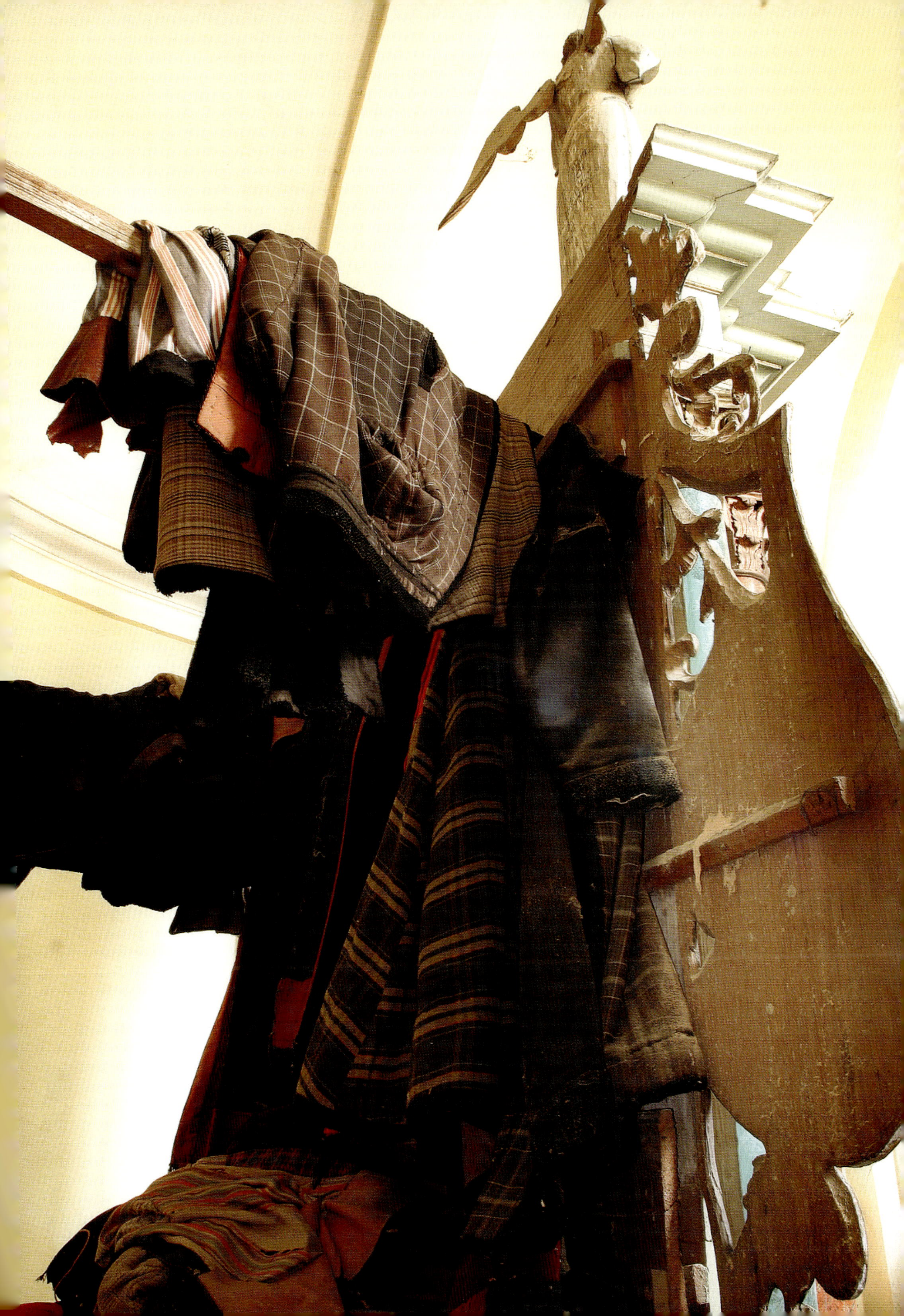

2005 Paßbusch. Abgestelltes Taufbecken. Kirche heute im Besitz der griechisch-katholischen Gemeinde
Posmuș. Cristelniță nefolosită. Biserică azi în posesia comunității greco-catolice

2005 Großau. Depositum. Gegenstände der aufgelassenen Kirchen
Cristian. Depozit de obiecte din bisericile nefolosite

2005 Zeiden. Vorratskammern. Codlea. Camere pentru provizii

2005 Neithausen. Leerer Speckturm. Netuș. Turnul slăninilor

2005 Reichesdorf. Verteilerkasten der Turmuhr. Richiş. Cutia de distribuție a ceasului din turn

2005 Klosdorf. Sânmicláuş. Bethlehemszentmiklós

2005 Neithausen. Im Turm. Netuş. In turnul clopotniță

2005 Neithausen. Netuş

2005 Seligstadt. Glockenseile im Turm. Seliștat. Franghie de clopote

2005 Peschendorf. Im Turm. Stejăreni. In clopotniță

2005 Neithausen. Stollentruhe. Netuș. Ladă de provizii

2005 Henndorf. Brădeni

2005 Henndorf. Vorratstruhen. Brădeni. Lăzi de provizii

2005 Henndorf. Vorratstruhen. Brădeni. Lăzi de provizii

2005 Klosdorf. Cloașterf

2005 Neithausen. Leerer Speckturm. Netuș. Turnul slăninilor

2005 Magarei. Schriftzug an der Wand: Der letzte evang. Pfarrer Johann Gunesch ist 1979 ausgewandert.
Pelișor. Text pe perete: Ultimul preot evanghelic Johann Gunesch a emigrat în Germania în 1979

2004 Schmierstoffbehälter. Cutii pentru unsoare

2005 Neustadt. Gruften. Cristian. Cavouri

2005 Rothbach. Rodbav   2005 Neithausen. Netuş

2005 Großau. Cristian

2004 Wölz. Velţ
2005 Weidenbach. Ghimbav

2005 Großau. Cristian

2004 Gewichte der Turmuhr. Greutăți de ceas de turn

2005 Jaad. Undichtes Dach. Livezile. Acoperiș stricat

2005. Meisterzeichen. Semnătura meșterului

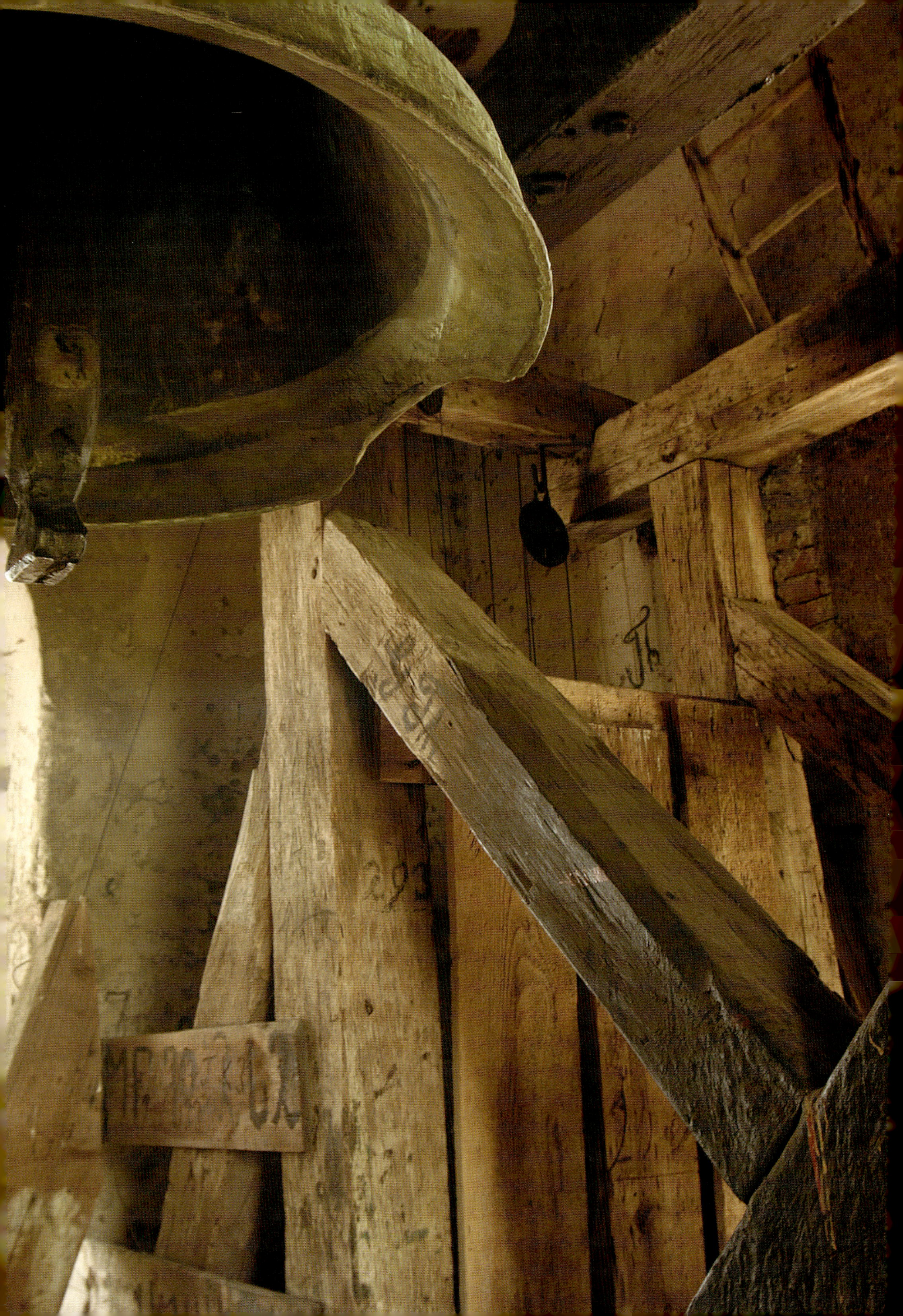

5 Jaad. Livezile   2005 Jaad. Livezile   2005 Reichesdorf. Richiş

2005 Scharosch/Fg. Şaroş/Fg.   2005 Rohrbach. Rodbav

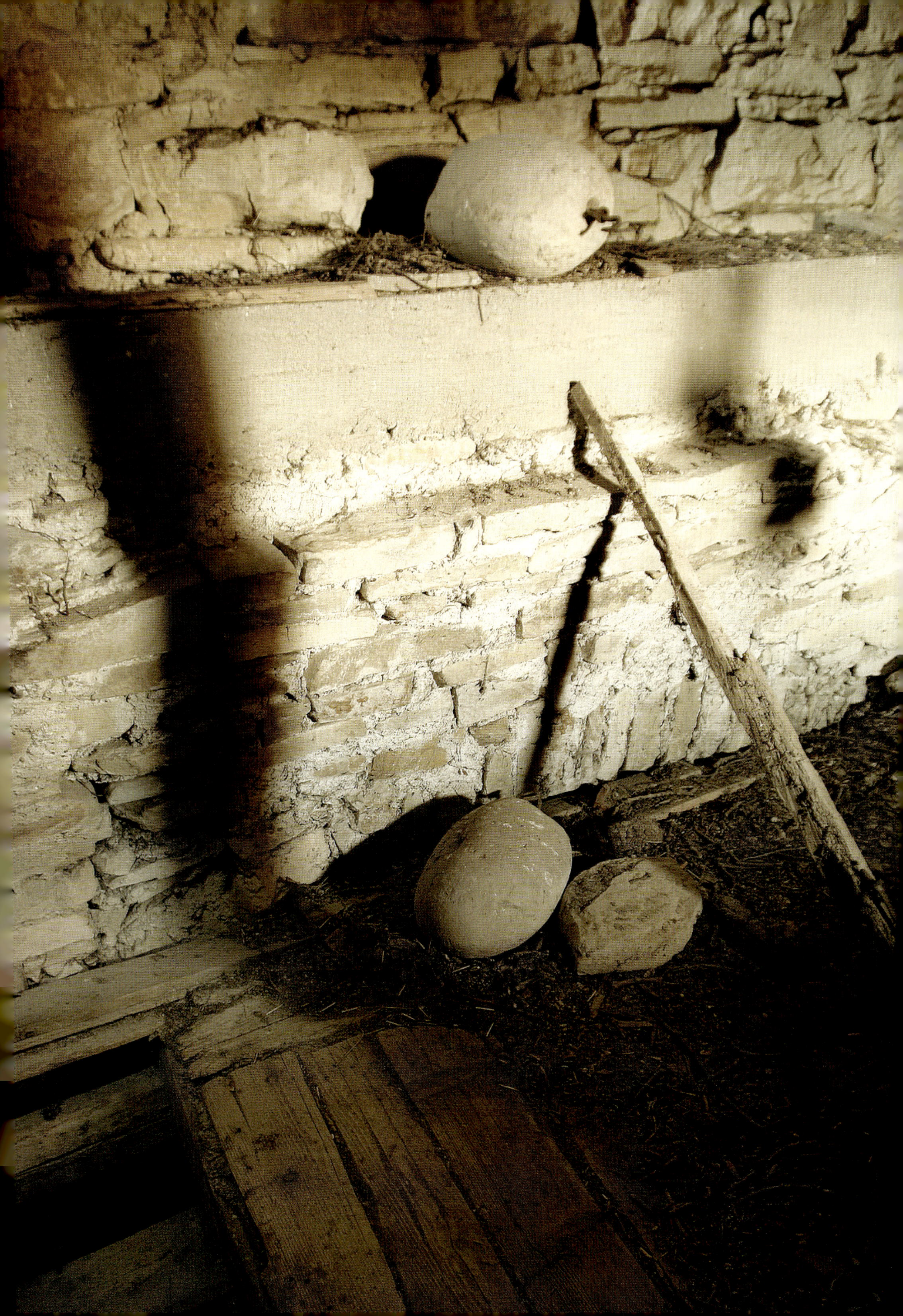

2005 Schaal. Zwei Taufbecken. Șoala. Două cristelnițe

2005 Jakobsdorf. Im Turm. Iacobeni (Moldova). În Turn

2005 Felldorf. Gebetsraum. Filitelnic. Sală de rugăciune

2005 Komeloden. Schloss der Familie Tekeli. Comlod. Castelul familiei Tekeli

2004 Hamruden. Homorod

Durchs wort dringt Gottes Gnaden Schein, Ins düstre Hertz der Menschen ein.

2004 Gergeschdorf. Kurator Georg Stefani, 85 Jahre. Ungurei. Curator

2004. Gergeschdorf. Leerstehendes Pfarrhaus. Ungurei. Casă parohială nefolosită

2005 Felmern. Des Pfarrers ungenutzte Amtsstube. Felmer. Biroul nefolosit al preotului

2005 Burghalle. Orheiul Bistriței

2005 Scharosch/Fg. Kurator/Curator. Wilhelm Bertlef. Şaroş/Fg.

2005 Rothbach. Erwin Schall. Rodbav.

2005 Arkeden. Jäterinnen. Archita. Seara, venind de la sapă

2005 Bei Agneteln. Junge Roma vor ihren Häusern. Agnita. Rromi în fața caselor lor

Arkeden. Flugversuch. Archita. Incercare de zbor

Mardisch. Fremdenführer. Moardăș. ghid

2005 Streitfort. Ringmauer. Mercheașa. Zidul de incintă

2005 Petersdorf. Sommerküche des Pfarrers. Petiș. Bucătărie de vară a preotului

2005 Rohrbach. Im Kirchhof. Rodbav. Incinta biserici

2005 Rohrbach. Im Kirchhof. Rodbav. Incinta biserici

2005 Im Pfarrgarten. Gradina preotului

2005. Petersdorf. Hopfenpflanzung. Petiș. Plantație de hamei

2005 Felldorf. Filitelnic

2005 Großalisch. Sicht vom Turm. Seleuș. Verdere din turn

2005 Das Schloß einer Romafamilie. Palatul unei famili de rromi

2005 Petersdorf. Die Schlafstelle des Hirten im Schulgebäude
Petiș. Patul ciobanului în clădirea școlii

2005 Nußbach. Măeruș. Eu sunt, drumul, adevărul și viața

2005 Nußbach. Măeruș. Rămâi cu noi pentru că se lasă seara

Bete und arbeite.

2005 Nußbach. Măeruș. Roagă-te și muncește

2005 Neustadt. Noiștat

2005 Haschagen. Haşag

2005 Henndorf. Liste der Opfer des 1. und 2. Weltkrieges und der Russlanddeportierten
Brădeni. Lista morților din războiul mondial I. și II. și a celor decedați la munca de "recunstrucție" in URSS

Fürchte dich nicht
denn ich habe
dich ✝ erlöst;
ich habe dich bei
deinem Namen
gerufen;
du bist mein!

Zum Andenken an unsern lieben Sohn Hans Widmann
geb. 15.Okt.1950 gest. 1968. Gewidmet von seinen Eltern

Nun, Herr, wes soll ich mich trösten?
Ich hoffe auf dich, denn du hast's getan.
Ps. 39,8.

Zum Andenken an meinen lieben guten Sohn Tomas Benning geb.1953, gest.1979
Gewidmet von seiner Mutter.

Und vergiß nicht, was er
dir Gutes getan hat. H.

2005. Scharosch an der Kockel. Gebetsstube. Șaroș pe Târnave. Cameră de rugăciune

2005 Klosdorf. Cloașterf

2005 Klosdorf. Cloașterf

2005 Großrapolt. Apoltu Mare

2005 Mönchsdorf. Herina

2005 Großrapolt. Rapoltu Mare

2004 Scharosch Fg. Speckkammer. Cameră pentru slănină

2005 Keisd. Gewicht der Turmuhr. Saschiz. Greutăți pentru ceasul din turn

2004. Bodendorf. Durch das Bevölkerungswachstum im 18. und 19. Jh. nachträglicher Einbau von Rängen

Bunești. Prin creșterea populației în sec. 18 și 19-lea a fost necesară construcția de galerii suplimentare

2005 Kallesdorf. Arcalia

2005 Heldsdorf. Gruftenkolonade. Hălchiu. Colonada cavourilor

2005 Heldsdorf. Friedhofstor. Hălchiu. Poarta cimitirului

2005 Burgtüre. Uşe de cetate

2005 Arbegen. Burgtüre. Agărbiciu. Uşe de cetate

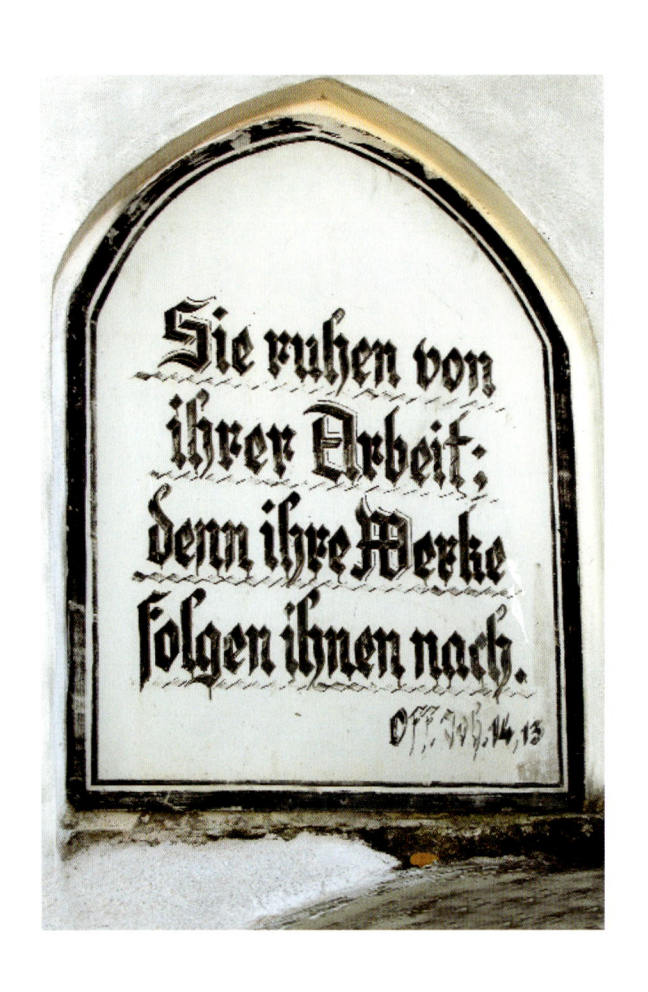

2005 Dobring. Texttafel am Friedhof. Dobîrcă. Text la cimitir
Se odihnesc după munca lor, iar operele lor le vor urma. (Din Joan 14, 13)

2005 Gießhübel. Selbstbildnis. Gusu. Autoportret

2005 Neustadt. Noiștat

2005 Passbusch. Durchlöchertes Dach
Posmuș. Acoperiș perforat

2005 Jakobsdorf. Die Kuppeln der Kirche
Iacobeni (Moldova). Cupolele piserici

Apel pentru salvarea monumentelor arhitectonice din Transilvania, România

Acest raport constituie un apel insistent, în care sunt prezentate realitățile pozitive și negative din Transilvania.

În Transilvania, într-un spațiu delimitat, se găsesc aproximativ 250 de biserici fortificate, cetăți bisericești și biserici țărănești unice prin valoarea lor.

Începând cu sfârșitul regimului comunist, în 1989, și exodul ulterior al sașilor și șvabilor, cca. 20% din aceste ansambluri au fost cvasi abandonate și lăsate pradă degradării. O mare parte din aceste monumente sunt deja atât de distruse, încât o reparație pare lipsită de perspectivă și imposibilă, ținând cont de gradul de degradare și de costurile probabile. Spre exemplu: la Veseuș/Michelsdorf, Velț/Wölz, unde în 2002, corul s-a prăbușit, iar în ruină se poate intra liber; la Răvășel/Rosch biserica a fost abandonată, clădirea este neîncuiată, sala comunitară este o ruină; biserica din Bunești/Bodendorf este în pericol de prăbușire, turnurile de apărare au căzut deja parțial; la Filitelnic/Felldorf biserica, este în ruină, iar sala comunitară și casa parohială au dispărut; la Viile Tecii/Großeidau clădirea bisericii și casa parohială/sala comunitară sunt parțial prăbușite; biserica din Drăușeni/Draas este în stare de ruină, după ce statul a început, apoi a abandonat restaurarea; la Vulcan/Wolkendorf – lângă Sighisoara - biserica și casa parohială au interiorul complet distrus; la Criș/Kreisch, turnul se desprinde de navă din cauza înclinării, iar fațada a început să se deterioreze; la Sântioana/Johannesdorf biserica este abandonată de mai mulți ani, iar pagubele provocate de igrasie sunt imense; la Cund/Reußdorf biserica este de ani de zile nefolosită și neîngrijită, iar clădirea școlii este în ruină; la Șemlacu Mic/Kleinschemlak (Banat) interiorul bisericii este complet devastat, clădirea începe să se prăbușească, iar în ruină poate intra oricine; la Șemlac/Schemlak (Banat) clădirea comunitară germană este o ruină, la fel și biserica, este afectata, al cărei zid al absidei prezintă crăpături mari. În aproape toate ansamblurile cel puțin o clădire anexă – precum școala, grădinița, casa comunitară, casa parohială, locuința învățătorului, camera fanfarei – sau unul din zidurile de incintă au fost părăsite și se află în plin proces de năruire (mai puțin, aproape deloc, în Țara Bârsei). Gravitatea acestor fenomene de degradare poate fi ușor percepută comparând documentele fotografice de azi cu fotografiile din anii 80 și de la începutul anilor 90, care pot fi găsite, spre exemplu, în "Atlas der siebenbürgisch-sächsischen Kirchenburgen und Dorfkirchen" (Atlas al cetăților bisericești și bisericilor sătești ale sașilor din Transilvania), vol. 2, al arh. Hermann Fabini.
Și miile de fotografii din 2004 și 2005 puse la dispoziție de subsemnatul acestui text, care documentează peste 200 de ansambluri, și redau imaginea actuală a acestei situații.

Numeroase biserici sunt încuiate, nu mai sunt îngrijite, ci doar vizitate ocazional. Urmarea este un micro-climat nefavorabil, care duce la apariția mucegaiurilor, care amenință și adesea distrug picturile și amenajările interioare valoroase.

În multe biserici există spargeri, s-au furat panouri de altar, candelabre, sfeșnice, bănci, orgi, tuburi de orgă și obiecte textile – adesea fiind vorba de furturi la comanda unor terți. Spre exemplu, la Veseuș/Michelsdorf a fost furat altarul, la Bradu/Girlsau au fost trei spargeri, biserica e nefolosită, la Vărd/Werd a fost furată, printre altele, cristelnița, la Homorod un fragment de frescă romanică, de aprox. 120x120cm, a fost desprins de o mână expertă și furat, la Bălcaciu/ Bulkesch au fost furate cristelnița, sfeșnice, vase decorative etc., la Țapu/Absdorf au fost mai multe spargeri, în 2002, s-au furat 5 panouri pictate, la Metiș/ Martinsdorf au fost trei spargeri în altar, tabloul altarului, de la 1730, a fost tăiat din ramă cu un cuțit, în 2004, s-au furat cristelnița din sec. XVIII și sistemul de alarmă, la Altâna/Alzen au fost trei spargeri, s-a furat cristelnița din 1430. Casele parohiale, casele predicatorilor sau clădirile școlii, aflate alături, sunt vandalizate, stau nepăzite și deschise, se degradează, se năruie, sunt chiar folosite ca grajduri pentru vite. Un domeniu cultural unic se cufundă în insignifianță și riscă să dispară.

Scurt istoric
Începând din sec. XI și până în sec. XIV, locuitori din vestul Europei, din regiunea situată între Rin și Maas, au colonizat rodnicul arc al Carpaților din România, în Transilvania.

În pofida numeroaselor întorsături nefavorabile datorate invadatorilor tătari și turci, "sașii transilvăneni" au reușit să reziste ca grup etnic până în sec. XX. Abia urmările deprimante ale celui de-al doilea război mondial, pierderea proprietăților, sărăcia, umilințele și, în final, dictatura comunistă, cu privarea de libertate și constrângerile ei, i-au determinat pe sașii transilvăneni să-și părăsească patria în proporție de 90% (aprox. 120.000) și să cedeze seducției Germaniei.

Acest mic grup etnic a ridicat, în peste 850 de ani, bisericile fortificate și edificiile bisericești prevăzute cu dispozitive de apărare atât de variate ca formă, care se numără printre monumentele-unicat ale Europei. De cele mai multe ori aceste ansambluri sunt plasate într-un cadru natural impresionant, la poalele arcului carpatic, în văi precum cele ale râurilor Olt/Alt, Mureș/Mieresch, Târnave/Kokel, Cibin/Zibin ș.a. sau în zone bogat împădurite. Acestea sunt o mărturie impresionantă a istoriei coloniștilor și a determinării de a supraviețui a unei comunități închegate pe teritoriul României.

Situația actuală a menținerii monumentelor
Șocul acestei emigrări masive a depășit îndeosebi posibilitățile administrative ale Bisericii Evanghelice. Chiar dacă au existat noi începuturi în structurile de bază ale activității bisericești, lipsește încă o restructurare sau o modernizare vizibilă a managementului.

Pastorii evanghelici au în grijă până la 13 localități, uneori pentru vizitarea tuturor parohiilor trebuie parcurși 600 km. Numeroaselor probleme duhovnicești și sociale li se adaugă într-o măsură tot mai mare acelea legate de ansamblurile bisericești decăzute, situația devenind imposibil de rezolvat atât din punctul de vedere al timpului, cât și al asistenței de specialitate.

Numeroase monumente arhitectonice sunt îngrijite de oameni în vârstă, uneori foarte bătrâni, iar întreținerea construcțiilor este mai degrabă insuficientă. Aproape peste tot nu se știe cine va prelua ștafeta, pentru că în majoritatea cazurilor sunt ultimii locuitori evanghelici; unele monumente sunt deja lipsite de îngrijitori.

În multe sate transilvănene trăiesc preponderent familii de rromi, care deocamdată nu înțeleg valoarea clădirilor istorice sau a bunurilor culturale și care contribuie în felul lor la degradarea acestora.

În clădirile goale, în care uneori se poate intra liber, se mai găsesc adesea, încastrate în construcție, piese valoroase, precum tabernacole gotice, frize sculptate, ancadramente de ferestre, amvoane și decorațiile acestora, strane, panouri pictate de tribune, tablouri de altar, claviaturi

2005 Weingartskirchen. Gebetsstube
Vingart. Cameră de rugăciune

2005 Heldsdorf. Gruften
Halchiu. Cavouri

2005 Weingartskirchen. Gesellschaftsraum im Pfarrhaus
Vingart.Cameră de petreceri nefolosită

de orgă, carcasele orgilor și ornamentele acestora, cristelnițe întregi sau fragmente. Deosebit de șocante sunt claviaturile, tuburile de orgă și pedalele distruse prin vandalism.

... și statul ?
Deși sunt ocrotite prin lege ca monumente istorice, bisericile săsești beneficiază doar într-o măsură mică de atenția autorităților pentru protecția monumentelor. Au loc punctual acțiuni individuale (co-)finanțate din străinătate, care adesea nu pot fi duse la bun sfârșit, sau nu în mod satisfăcător. Nu există un plan actual exhaustiv (al priorităților). În plus, autoritățile pentru protecția monumentelor se confruntă cu probleme asemănătoare celor ale Bisericii Evanghelice: lipsesc banii, bugetul ministerului Culturii prevede prea puțină finanțare pentru restaurarea monumentelor arhitectonice din Transilvania, exceptând un nou program pentru cetatea Sighișoarei, lucrări de restaurare începute cândva au fost întrerupte deja de mai mulți ani, spre exemplu la Drăușeni/Draas, Rupea/Reps, Moșna/Meschen, Lechința/Lechnitz, Bistrița/Bistritz ș.a. Pentru cele mai simple lucrări de întreținere lipsesc specialiștii calificați, mijloacele de deplasare, banii de benzină, echipamentele de birou, instrumentele topografice etc.

Totuși trebuie remarcat cu multumiri, ca au existat în perioada postbelică, situatii in care statul roman a depus eforturi considerabile pentru intreținerea unora dintre aceste ansambluri. Sperantele in vederea reluării acestor actiuni, se indreapta către guvernul acestei tari, care se găsește intr-o dezvoltare economica vitală, si care beneficiază de suportul EU in dezvoltarea s-a. Trebuie menționat că și în momentul de față sunt cuprinse mai multe ansambluri in programul MCC pentru restaurare.

Deoarece menținerea clădirilor și ansamblurilor nu mai poate fi lăsată doar în seama sașilor rămași, a pastorilor sau doar a Bisericii Evanghelice, trebuie găsite alte căi. Doresc să impulsionez numeroasele asociații ale localnicilor emigrați în străinătate, fundații, inițiative private, asociații să intervină împreună pentru conservarea zonei culturale Transilvania.

Prin ce se deosebește acest apel de alte inițiative?
Se propune organizarea, ca prim pas, a unui "dispecerat" conectat la o "platformă Internet", un punct accesibil în care se adună toate informațiile, problemele, întrebările și cererile. Aici să fie un punct de receptare a informațiilor, un pool, un loc în care se înmănunchează toate forțele angajate pentru Transilvania, fără însă ca grupările și instituțiile existente să renunțe la autonomia și inițiativele lor. Intre timp a luat fiinta, cu ajutorul financiar si logistic al Germaniei un asemena Birou, in cadrul Admnistrației Biserici Evanghelice din România. 550185 Sibiu. Str. Gen. Magheru 4.

În schimbul de informații dintre toți participanții pot lua naștere și pot fi discutate diferite idei, inițiative și concepte. Astfel demersurile pentru păstrarea acestor monumente pot fi mai eficiente. Suntem convinși că prin închiriere, arendare, chiar prin vânzări chibzuite, prin găsirea unor noi destinații, chiar neconvenționale, precum și prin atragerea unui cerc internațional de potențiali cumpărători sau utilizatori s-ar putea asigura dăinuirea acestor ansambluri arhitectonice. În acest context li s-ar putea acorda atenție și unor monumente arhitectonice mai mici, neglijate până acum. În același timp, vor fi implicați în primul rând proprietarii, care sunt comunitățile bisericești locale și administrația Bisericii Evanghelice din Sibiu.

În acest scop va fi necesară o promovare internațională adaptată cerințelor vremii, modernă, a obiectivelor arhitecturale, care să funcționeze la standarde profesioniste. Toate ansamblurile vor fi prezentate lumii întregi atât pe internet, cât și în media tradiționale. Acest lucru ar putea fi făcut de un arhitect calificat în restaurare, de un inginer constructor cu experiență în materie, de un istoric sau istoric de artă competent, care îi pot informa repede și profesionist pe cei interesați și se pot ocupa de ei, chiar la fața locului.

Încercările administrației Bisericii Evanghelice de a găsi în România chiriași potriviți și potenți financiar nu au avut, cu câteva excepții, prea mult succes. În următorii ani, odată cu creșterea economică în România – în special ca membra în UE și, legat de aceasta, o deschidere și mai mare a țării – publicul european interesat de România va fi tot mai numeros.

Pe acest fundal este important ca cineva să se aplece cât mai repede asupra problemelor monumentelor arhitectonice și să se realizeze de la început cele mai bune concepte. Bineînțeles că criteriile pentru o nouă folosire a spațiilor bisericilor nu pot fi aplicate restrictiv, se pot lua în considerare un hotel, un sediu al unor organizații, o unitate meșteșugărească, un atelier, sau ocuparea de către alte culte religioase, precum s-a realizat în multe cazuri.

Ce anume pledează în favoarea unui angajament în Transilvania?
Rezonanța neobișnuită a numelui Transsilvania a făcut ocolul lumii, el trezește imaginea unor spații largi și a spectaculosului masiv al Carpaților. Deși este asociată cu numele Transilvaniei, arhitectura rurală și urbană nu este totuși suficient de cunoscută, ba chiar se poate vorbi de faptul că ansamblurile fortificate nu sunt cunoscute aproape deloc.

Transilvania este o regiune impregnată de istorie, în care români, austrieci, maghiari, germani și turci și-au împletit destinele. A rezultat un peisaj cultural variat, cu diferite configurații, care se alătură și se întrepătrund.

Situarea oarecum izolată a regiunii a împiedicat până acum o occidentalizare necugetată și pripită, astfel încât s-a păstrat un mod de viață propriu care – prin comparație cu agitația din țările industrializate – apare liniștit și tihnit. În unele locuri domnește o liniște absolută, în altele găsim ospitalitatea și relațiile interumane specifice comunității de la sate, iar în orașe te întâmpină agitația mediului comercial și de afaceri și o ofertă culturală interesantă.

Deși aceste sate sunt în parte izolate, la oricare din ele se poate ajunge cu automobilul, iar dacă nu chiar în satul respectiv, atunci în cel vecin pot fi găsite magazine și unele ateliere meșteșugărești. În orașele aflate în apropiere – Brașov/Kronstadt, Cluj-Napoca/Klausenburg, Sibiu/Hermannstadt, Sebeș/Mühlbach, Sighișoara/ Schäßburg sau Târgu Mureș/Neumarkt – se poate găsi aproape orice. Orașele sunt legate între ele prin șosele naționale bune; se construiește deja o autostradă care, stăbătând Ardealul, va lega Oradea/Großwardein de București. Toate orașele mai mari sunt legate de un aeroport internațional.

Posibilități:
Criteriile enumerate mai sus, în vederea conservării, nu vor fi aplicate restrictiv, ci se vor elabora și se vor realiza concepte pentru fiecare obiectiv în parte:

- Parteneriate (din toată lumea) pentru câte un obiectiv, care vor asigura, de ex. prin mici contribuții lunare, cel puțin o supraveghere și o între-

2005 Niederneudorf Bz. Verlassener Friedhof
Corvinești Bz. Cimitir părăsit

2005 Mardisch. Gedenktafel
Moardeș. Panou cu numele morților

2005 Großrapolt. Römisches Relief
Rapoltu Mare. Relief roman in bisercă

ținere minimă a monumentului. Ori, prin colaborarea comunităților sătești autohtone cu HOG (Heimatortsgemeinschaften=asociația originarilor din sat, stabiliți în Germania) au rezultat relații eficiente, care au dus la restaurări ale catorva ansambluri. Prin parteneriate la obiect se pot restaura o biserică, un turn, o școală, o casă parohială, o orgă, obiecte textile sau alte obiecte de inventar.

• Închirierea/vânzarea unor case parohiale, școli sau a întregului ansamblu arhitectonic, către: persoane particulare, firme de turism, comunități religioase, artiști din diverse domenii, firme specializate în organizarea de evenimente, asociații și întreprinderi comerciale din întreaga lume.

• Se vor redacta analize, studii de fezabilitate, proiecte, modele pentru diverse obiective și problematica acestora, realizate de: firme imobiliare / investitori, arhitecți, custozi, proiectanți, sociologi, artiști și studenți. În acest fel viitorii proprietari capătă idei și impulsuri pentru o nouă destinație a obiectivului.

• Ar putea fi ales un obiectiv sau două care să permită realizarea în scopuri turistice, a unor scenarii complexe, de tipul son et lumière, relaționate cu situații istorice, cum ar fi atacul unor invadatori asupra unei biserici fortificate din evul mediu. Realizarea unui astfel de proiect spectaculos ar trebui încredințată unei firme specializate, precum celei care a realizat de ex. instalația din „The London War Museum"; sau și altor ofertanți. Ori, legat de festivalul de Film de la Cluj-Napoca sau de festivalul de teatru de la Sibiu, cu aceste ocazii de excepție se pot folosi siturile cetăților din împrejurimile orașelor pentru prezentrarea unor acțiuni – performances - create poate special în legătură cu locul respectiv sau al istoriei transilvănene. Asta pe lângă unele instalații concepute pe termen mai lung într-un anume loc/cetate.

• Amplificarea și modernizarea ofertei turistice, spre exemplu prin deschiderea unor magazine cu material informativ de specialitate, cu obiecte și suveniruri produse în localitate, a unor cafenele în cetate (Burg-Café), prin gospodărire sezonieră, dacă numărul vizitatorilor o justifică – vezi exemplul antreprenorului italian, dl. Brega, care a reușit și comercial cu cetatea din Râșnov, Brașov, in care lucrarile de restaurare continua, iar vizitatorii vin in numar mare – un exemplu de urmat.

Pentru comunitățile ortodoxe, vii și efervescente, oprimate în perioada postbelică, a fost și este posibilă construirea a mii de biserici după 1990, cele mai multe de dimensiuni respectabile. De asemenea, alte confesiuni și culte au construit un mare număr de biserici cu bugete serioase. Astfel în peisajul urbanistic român este evident contrastul dintre cele menționate mai sus și starea proastă a bisericilor săsești și șvăbești, precum și a majorității sinagogilor din orașe.

PLEDOARIE FINALĂ
Considerăm situația actuală drept un moment istoric al ajutorului, al solidarității și trezirii! Dacă Transilvania rămâne fără o promovare dincolo de graniță, într-un timp mai lung sau mai scurt vom pierde o mare parte din aceste valoroase și unice monumente arhitectonice.

Bisericile fortificate, cetățile bisericești, ansamblurile arhitectonice în totalitatea lor sunt importante și demne de a fi menținute nu doar pentru că reprezintă un capitol în istoria arhitecturii, pentru că sunt mărturii valoroase ale istoriei artei și pentru că au conservat elemente unice, specifice arhitecturii de apărare. Ele desluşesc în aceeași măsură evoluția comunităților umane din secolul al XII-lea până în secolul XXI-lea, într-un spațiu definit, un ținut marcat de războaie, de expediții de cotropire și de raporturi de dominație schimbătoare.

Ansamblul Transilvania este unic ca întreg și inconfundabil. Chiar și pierderea unor obiective disparate din acest spațiu cultural este dureroasă, pentru că specificul, farmecul și unicitatea Transilvaniei nu se datorează unui obiectiv sau altuia, luate separat, ci totalității lor.
De aceea ținta spre care tindem trebuie să fie păstrarea completă a monumentelor moștenite și încă existente.

2004 Peter Jacobi

Vă rugăm să ne contactați dacă doriți să vă implicați în Transilvania, dacă vă interesează starea construcțiilor sau dacă aveți sau doriți informații suplimentare. Interesul dumneavoastră ne bucură și dorim să vă încurajăm să activați împreună cu noi pentru această cauză nobilă.

Adrese de contact:
Leitstelle Kirchenburgen; im Landeskonsistorium
der Evangelischen Kirche in 550185 Sibiu. Str. General Magheru 4.
E Mail: office@projekt-kirchenburgen.ro

Heimatsortsgemeinschaften der ausgewanderten Siebenbürger Sachsen in Deutschland (HOG)
Asociațiile sașilor din localitățile de baștină în Germania(HOG)

Ministerul Culturii si Cultelor. Departamentul Patrimoniu:
Șoseaua Kisseleff nr.30. 011347 București. România
Tel. 021-2244662 Fax. 021-2243947 www.cultura.ro

Siebenbürgische Stiftung München

Mihail Eminescu Trust (Gestiftet von Prinz Charles, Großbritanien)

Asociatia Restauro Niermann. 545400 Sighisoara. Str. Muzeului 2
Președinte Dr. Karl Scheerer. E Mail: scheerer@elsig.ro

Proiect de cooperare romana-german. Reabilitarea Centrului istoric
Sibiu.Ro 550183 Sibiu. Strada Avram Iancu 11. Tel: 0269 211988
Fax. 0269 269 211671

Cărți recomandate:
Verlag Wort und Welt. Mit den Bildbänden:
Siebenbürgen im Flug
Das Burzenland
Hermannstadt und das alte Land
Hermann Fabini: Atlas der siebenbürgisch-sächsischen Kirchenburgen und Dorfkirchen Band II
MONUMENTA-Verlag Hermannstadt

O laudă și mulțumiri tuturor Asociațiilor sașilor din localitățile de baștină în Germania (HOG) care î-și îngrijesc ansamblurile.
Un apel către HOG urile care au renunțat să se ingrijeasca de bisericile lor, să se ocupe din nou de monumentele lor.

2005 Petersdorf Ms. Orgel / Petiş Ms. Orgă

2005 Heldsdorf. Familienfotos in der Gruftenkammer / Halchiu. Fotografii de familie în camera cavourilor

2005 Nußbach. Deckenmalerei / Măieruş. Frescă pe tavan

Aufruf zur Rettung der Baudenkmäler in Siebenbürgen, Rumänien

Dieser Bericht soll als ein eindringlicher Appell verstanden werden, der die positiven und negativen Realitäten in Siebenbürgen darstellt.

In Siebenbürgen befinden sich regional zusammenhängend etwa 240 Wehrkirchen und ‚Kirchenburgen' von einmaligem Wert.

Seit dem Ende des kommunistischen Regimes und dem folgenden Exodus der deutschsprachigen Minderheit, der Siebenbürger Sachsen, ab 1989, sind bereits ca. 20%
dieser Ensembles verlassen und dem Verfall preisgegeben, ein Großteil ist bereits so weit zerstört, dass eine Reparatur aufgrund des maroden baulichen Zustands und der voraussichtlichen Kosten aussichtslos und unmöglich erscheint. Zum Beispiel, Michelsdorf/Veseuş, Wölz/Velţ, 2002, Chor eingestürzt, Kirchenruine frei zugänglich. Rosch/Răvăsel, Kirche aufgegeben, Gebäude steht unverschlossen, Gemeindesaal =Ruine, Bodendorf/Buneşti Kirche ist einsturzgefährdet, Wehrtürme zum z.T. Bereits eingestürzt. Felldorf/Filitelnic/ Kirche, Pfarrhaus und Gemeindesaal, Ruine, Großeidau/Viile Tecii, Kirchenbau und Pfarrhaus/Gemeindesaal teilweise zusammengefallen, Draas/Drauşeni ruinöser Zustand, nach vom Staat begonnener und aufgegebener Sanierung.

Wolkendorf/Vulcan b.Schäßburg, Kirche und Pfarrhaus, Innenraum komplett zerstört, Kreisch/Criş Turm trennt sich wegen Neigung vom Hauptschiff, beginnender Fassadeneinsturz, an architektonisch wertvollem Gebäude. Johannesdorf/Sântioana seit Jahren aufgegebene Kirche, immense Feuchtigkeitsschäden, Reußdorf/Cund, aufgelassene Kirche und ruinöses Schulgebäude.

Kleinschemlak/Şemlacu Mic (Banat) Kirche Innenraum völlig verwüstet, beginnender Einsturz.

Schemlak/Semlac, (Banat) dt. Gemeindehaus, ruinös, sowie Kirche, tragende Altarrückwand gerissen. Bei fast allen Ensembles ist zumindest eines der dazugehörigen Gebäude wie, Schulen, Kindergärten, Gemeindehäuser, Pfarrhäuser, Lehrerwohnungen, der Musikantenzimmer oder der Ringmauern etc. aufgegeben und im Verfall begriffen. (dieses weniger im Burzenland.) Es ist leicht, diese dramatischen Verfallserscheinungen, anhand von Vergleichen an Fotografien der 1980 er und den frühen 1990 er Jahren, z.B. im "Atlas der siebenbürgisch-sächsischen Kirchenburgen und Dorfkirchen", Band 2, von Arch. Hermann Fabini; und den heutigen fotografischen Belegen zu vollziehen. Auch die vom Unterzeichner zur Verfügung gestellten, hunderte von Fotografien, von 2004,und 2005 die mehr als 210 Ensembles dokumentieren, geben Einsicht in die Situation.

Zahlreiche Kirchen sind verschlossen, werden nicht mehr gepflegt, nur gelegentlich besucht. Die sich daraus ergebende klimatische prekäre Situation verursacht Pilzbefall, der wertvolle Innenausstattungen und Malereien bedroht und oft zerstört.

In viele Kirchen wird eingebrochen, Altartafeln, Leuchter, Bänke, Orgeln, Pfeifen und Textilien werden gestohlen – oftmals als Auftragsdiebstähle für Dritte, zum Beispiel, Michelsdorf/Veseuş, Altar gestohlen, Girlsau/Bradu, drei Eibrüche,Kirche ungenutzt, Werd/Värd Taufbecken u.a, gestohlen, Homorod, ein Freskenfragment, romanisch, ca. 120X120 cm fachmännisch abgebaut und gestohlen, Bulkesch/Bălcaciu, Diebstahl, Taufbecken, Leuchter Vasen etc., Absdorf/Ţapu, mehrere Einbrüche fünf Bildtafeln, 2002, Martinsdorf/Metiş, drei Einbrüche, Altarbild von 1730 mit dem Messer aus dem Rahmen geschnitten, 2004, Taufbecken, und Alarmanlage gestohlen, Alzen/Alţâna, drei Einbrüche Taufbecken von 1430 gestohlen.

Daneben stehende, mittlerweile ungenutzte Pfarr-, Prediger- oder Schulhäuser leiden unter Vandalismus, stehen ungeschützt und offen im Dorf, verfallen, verkommen, werden sogar als Viehställe benutzt. Ein einmaliges Kulturgebiet sinkt in die Bedeutungslosigkeit und droht zu zerfallen.

Kurzer historischer Abriss
Vom 11. bis zum 14. Jahrhundert siedelten Westeuropäer aus der Gegend zwischen Rhein und Maas im fruchtbaren Karpatenbogen des heutigen Rumäniens, in Siebenbürgen.

Den „Siebenbürger Sachsen" gelang es, trotz vieler Rückschläge durch Tartaren-, und Türkenangriffe, als eigene Volksgruppe bis ins 20. Jahrhundert zu bestehen. Erst die deprimierenden Folgen des 2. Weltkrieges, Besitzverlust, Armut und Demütigungen und schließlich die kommunistische Diktatur unter Ceausescu mit den damit verbundenen Drangsalen und Unfreiheiten veranlassten 90 % (ca. 120000) der Siebenbürger Sachsen, ihre Heimat zu verlassen und dem „Werben" Deutschlands nachzugeben.

In 800 Jahren schuf diese kleine Volksgruppe, die vielgestaltigen Wehrkirchen und mit Wehranlagen versehene Kirchenbauten zu den einmaligsten Denkmälern Europas gehören. Meist liegen diese Ensembles in eindrucksvoller Natur, vor dem Karpatenbogen, in Flusstälern wie die des Altes/Olt, Mireş/Mures, Kockel/Târnave, Zibin/Cibin u.a. oder in waldreichen Gegenden. Eindrucksvoll bezeugen sie die Siedlungsgeschichte und belegen den unbedingten Überlebenswillen einer zusammenhängenden Gemeinschaft.

Aktuelle Betreuungssituation
Besonders die evangelische Kirche hat den Schock der massiven Auswanderung nicht überwunden. Trotz einiger Neuanfänge in der kirchlichen Arbeit an der Basis mangelt es noch an einer greifbaren Umstrukturierung und Modernisierung des Managements.

Die evangelischen Pfarrer betreuen bis zu 13 Gemeinden, zum Teil sind zum Besuch aller Pfarreien bis zu 600 km zu fahren. Zu den vielen seelsorglichen und sozialen Problemen kommen immer mehr die der maroden Kirchenanlagen, was zeitlich und fachlich in dieser Tragweite nicht bewältigt werden kann.

Zahlreiche Baudenkmäler werden von alten, bisweilen sehr betagten Frauen und Männern betreut, wobei die bauliche Wartung eher notdürftig ist. Fast überall ist deren Nachfolge ungewiss, da es zumeist die letzten evangelischen Bewohner sind; manche Baudenkmäler werden nicht mehr betreut.

In vielen siebenbürgischen Dörfern wohnen mehrheitlich Romafamilien, denen bislang die Wertschätzung von historischen Bauten oder Kulturgütern teilweise fehlt und die in ihrer Weise zu deren Verfall beitragen.

In den leer stehenden und mitunter frei zugänglichen Gebäuden befinden sich, baulich eingebunden, oft noch wertvolle Stücke, z. B. gotische Tabernakel, behauene Friese, Fensterumrahmungen. Kanzeln und ihre Verzierungen, Gestühle, bemalte Emporentafeln, und -brüstungen, Altarbilder, Orgelprospekte, -gehäuse und deren Verzierungen. Taufbecken oder Fragmente davon, Besonders schockierend sind durch

2005 Oberndorf. Demontierter Altar
Cetate. Altar demontat

2005 Jakobsdorf (Moldova)
Iacobeni

2005 Klosdorf. Gästezimmer
Cloasterf. Cameră de oaspeți

Vandalismus zerstörte Orgeltastaturen und Orgelpfeifen, Pedale und Spieltische.

... und der Staat?
Obgleich unter Denkmalschutz stehend, kann sich auch die rumänische Denkmalbehörde nur minimal um den Bestand kümmern. Punktuell erfolgen vom Ausland (mit-) finanzierte Einzelaktionen, die oftmals nicht bzw. nicht befriedigend zu Ende geführt werden können, ein übergreifender (Prioritäten-) Plan existiert nicht.

Zudem haben rumänische Denkmalbehörden mit ähnlichen Problemen wie die ev. Kirche zu kämpfen: es fehlen, Geldmittel, im Budget des Kulturministeriums sind wenig Mittel für die Restaurierung der Siebenbürgischen Baudenkmäler eingeplant, einst angefangene Restaurierungsmaßnahmen sind bereits seit Jahren unterbrochen, zum Beispiel in Draas/Drăușeni, Reps/Rupea, Meschen/Moșna, Lechnitz/Lechința, Bostritz/Bistrița. Für die einfachste Betreuung fehlen qualifizierten Fachleute, Fahrzeuge, Benzingeld, Büroausstattung/-Messgeräte u.a.

Trotzdem sei mit großem Dank darauf hingewiesen, dass in der späteren Nachkriegszeit doch eine ganze Reihe von Ensembles vom Rumänischen Staat renoviert oder und baulich gesichert wurden. Auch gegenwärtig sind mehrere Ensembles im Restaurierungsprogramm des Kulturministeriums einbezogen.

Ausblick
Dieser Appell soll deswegen der Beginn einer Zusammenarbeit sein: Da die Anforderungen zum Erhalt der Bauten und Ensembles nicht mehr allein den verbliebenen Siebenbürgern, den Pfarrern oder allein der evangelischen Kirche überlassen werden kann, müssen andere Wege gefunden werden. Wir möchten anregen, dass die zahlreichen engagierten Heimatortsgemeinschaften im Ausland, Stiftungen, Privatinitiativen, Vereinen zusammen für den Erhalt der Kulturlandschaft Siebenbürgen eintreten.

Wodurch unterscheidet sich dieser Aufruf von anderen Initiativen?
Wir möchten als einen ersten Schritt eine ‚Leitstelle', verbunden mit einer „Internetplatform" schaffen, eine Ansprechstelle, bei welcher sämtliche Informationen, Probleme, Anfragen und Anforderungen zusammenlaufen. Dies soll eine Zusammenfassung, ein „Pool" sein, ein Ort, an dem alle Kräfte, die sich für Siebenbürgen engagieren, gebündelt werden. Dabei sollen die existierenden, Gruppen und Institutionen ihre Eigenständigkeit und Initiativen behalten.

Im Informationsaustausch aller Beteiligten können vielfältige Ideen, Anregungen und Konzepte entstehen und gemeinsam diskutiert werden. Somit kann eine größere Effektivität zum Erhalt der Baudenkmäler erreicht werden. Durch Vermietungen, Verpachtungen, auch durch bedachte Verkäufe, geschickte - vielleicht auch unkonventionelle - Umnutzungen, sowie im Ansprechen einer internationalen Käuferschaft könnte sicherlich ein Fort-bestand der baulichen Ensembles erreicht werden. In dem Zusammenhang können auch kleinere – bislang vernachlässigte - Baudenkmäler Beachtung finden. Gleichermaßen sollen an erster Stelle die Besitzer, d.h. die Kirchengemeinden maßgeblich beteiligt und die Kirchenverwaltung eingebunden werden. Dazu wird es notwendig sein, eine zeitgemäße, moderne und reibungslos funktionierende internationale Promotion für die baulichen Objekte zu machen. Sämtliche Ensembles sollen im Internet sowie mit herkömmlichen Medien international bekannt gemacht werden. Dieses können ein erfahrener Immobilienkaufmann, ein qualifizierter Architekt, ein kompetenter Historiker/Kunsthistoriker leisten, diese können Interessenten schnell und kompetent, auch vor Ort, informieren und betreuen.

Seit 2007 ist im Landeskonsistorium der Evangelischen Kirche in Hermannstadt/Sibiu mit Mitteln aus der Bundesrepublik Deutschland, eine solche Stelle eingerichtet, die sich allerdings noch im Aufbau ist.

Nutzungen
Die Versuche der evangelischen Kirchenverwaltung in Rumänien geeignete Mieter zu finden, war bis auf einige Beispiele nicht sehr erfolgreich. In den kommenden Jahren, mit dem großen Wachstum der rumänischen Wirtschaft – besonders seit dem Eintritt Rumäniens in die EU und damit verbunden eine weitere Öffnung des Landes - wird sich zunehmend ein europäisches und weltweites Publikum für Rumänien interessieren.

Vor diesem Hintergrund ist es wichtig, sich baldmöglichst den Problemen der Baudenkmäler anzunehmen und von Beginn an die besten Konzepte zur Realisierung zu bringen.

Sicherlich dürfen die oben genannten Kriterien nicht restriktiv angewandt werden, auch ein Hotel, ein Sitz diverser Organisationen, ein handwerklicher Betrieb, ein Atelier, auch ein Ansiedeln anderer religiöser Kulte kann in Erwägung gezogen werden.

Was spricht für ein Engagement in Transsilvanien?
Der außergewöhnliche Klang des Namens Transsilvanien ist weltweit bekannt, er ruft Bilder von weiter Landschaft und dem berühmten Kapartengebirge wach. Die einzigartige erhaltene ländlichen und städtischen Baukultur ist jedoch nicht ausreichend bekannt.

Transsilvanien ist eine höchst geschichtsträchtige Region in welcher sich rumänische, österreichische, ungarische, deutsche und türkische Geschichte miteinander verflechten. Das Ergebnis ist ein vielgestaltiges Kulturland mit unterschiedlichen Ausprägungen, die neben- und miteinander leben.

Die etwas ‚abgeschirmte' Lage der Region hat bislang eine unüberlegte und überhastete „Verwestlichung" verhindert, so dass sich eine eigene Lebensweise bewahrt hat, die – gegenüber der Hektik der Industrieländer - ruhiger und ungezwungener erscheint. Mancherorts herrscht eine absolute Stille – anderenorts Gastfreundschaft und menschliches Miteinander in der Dorfgemeinschaft, dagegen können in den Städten geschäftliches Treiben und kulturelle Angebote gefunden werden.

Trotz der Abgelegenheit ist jeder Ort mit dem PKW erreichbar und im Dorf oder zumindest im Nachbarort befinden sich Geschäfte und Werkstätten. In den unweit gelegenen Städten Kronstadt/Brașov, Hermannstadt/Sibiu, Mühlbach/Sebeș, Schäßburg/Sighișoara oder Neumarkt/Târgu Mureș ist fast alles zu erhalten. Die gut ausgebauten Nationalstraßen verbinden die Städte; eine Autobahn von Großwardein/Oradea nach Bukarest, die durch Siebenbürgen führen wird, ist bereits im Bau. Alle größeren Städte besitzen eine internationale Fluganbindung.

2005 Breite bei Schäßburg
Breite lîngă Sighișoara

2005 Neustadt. Kirchentrachten der Ausgewanderten
Noistat. Porturile de duminecă ale emigranților

2005 Breite bei Schäßburg
Breite lîngă Sighișoara

Möglichkeiten:
Die oben genannten Kriterien zum originalen Erhalt sollten hingegen nicht zu restriktiv angewandt werden. Um wirkungsvoll den weiteren Zerfall zu verhindern werden für jedes Objekt Konzepte entwickelt und realisiert, z.B.:

• Partnerschaften (weltweit) für ein Objekt, die durch kleine monatliche Beiträge zumindest eine geringe Aufsicht und Wartung des Baudenkmals gewährleistet.

In Zusammenarbeit der Dorfgemeinschaft mit der HOG (Heimatortsgemeinde) kann – wie es teilweise bereits geschieht – verbindliches Engagement entstehen.
Partielle Partnerschaften könnten helfen, Einzelteile des Bauensembles, einen Turm, eine Schule, ein Pfarrhaus, eine Orgel, Textilien oder sonstiges Inventar zu retten.

• Vermietung/Verkauf, von Pfarrhäusern, Schulen oder ganzen Kirchenburgenensembles, promotet durch Internet und andere Medien, an: Privatpersonen, touristische Unternehmen, religiöse Gemeinschaften, Künstler verschiedener Sparten, Veranstaltungsunternehmen, diverse Organisationen, Vereine und Wirtschaftsbetriebe aus aller Welt.

• Analysen, Nutzungsstudien, Entwürfe, Modelle zu diversen Objekten und deren Problematik, realisiert von: Architekten, Denkmalpflegern, Planern, Soziologen, Hochschulstudenten und Künstlern. Somit erhalten zukünftige Besitzer Ideen und Anregungen zur neuen Nutzung.

• Bei ein oder zwei geeigneten Einzelobjekten kann eine moderne touristische Nutzung mit komplexen Inszenierungen nach Art von „son et lumière", wie etwa in den französischen Loire-Schlössern oder in der Umgebung der berühmten ägyptischen Sphinx eingerichtet werden. Weitergehende Inszenierungen und Animationen mit Nachbauten und realistischen, theaterähnlichen Darstellungen z.B. von historischen Situationen wie etwa einer mittelalterlichen Attacke auf eine Wehrkirche. Die Realisierung eines derartig spektakulären Projektes müsste an ein dafür spezialisiertes Unternehmen vergeben werden. Ein Beispiel hierfür wäre das War-Museum in London.

• Moderner Ausbau des touristischen Angebots durch z.B. Einrichtung von Läden mit einschlägigem Informationsmaterial, im Ort hergestellte Waren und Souvenirs, Burg-Cafés, bei entsprechender Besucherzahl saisonale Bewirtschaftung.

SCHLUSSPLÄDOYER
In der gegenwärtigen Situation sehen wir einen historischen Moment der Hilfe, der Solidarität und des ‚Aufwachens'! Bleibt Siebenbürgen ohne eine übergreifende Förderung, so ist über kurz oder lang mit dem Verlust von zahlreichen wertvollen und einzigartigen Baudenkmälern zu rechnen.

Die Wehrkirchen, Kirchenburgen, die gesamten baulichen Ensembles sind nicht nur aufgrund ihrer Baugeschichte, den wertvollen kunsthistorischen Zeugnissen und der einmalig erhaltenen Wehrarchitektur bedeutsam und höchst erhaltenswert. Sie verdeutlichen gleichermaßen die Entwicklung menschlicher Gemeinschaften in einem umrissenen Gebiet vom 12. bis zum 21. Jahrhundert in einem von Kriegen, Raubzügen und wechselnden Herrschaftsverhältnissen geprägten Landstrich.

Das „Ensemble Siebenbürgen" ist als Ganzes begreifbar und unverwechselbar. Schon der Verlust von Einzelobjekten innerhalb der Kulturlandschaft ist schmerzhaft, denn nicht einzelne Objekte, sondern die Gesamtheit macht das Besondere, den Reiz und die Unverwechselbarkeit Siebenbürgens aus. Deswegen soll möglichst der umfassende Erhalt der überkommen, und noch verbliebenen Baudenkmäler als anzustrebende Prämisse gelten.

2004 Peter Jacobi

Bitte nehmen Sie mit uns Kontakt auf, wenn Sie sich in Siebenbürgen engagieren oder es vorhaben, wenn Sie sich für den Baubestand interessieren oder zusätzliche Informationen haben oder erbeten. Wir freuen uns über Ihr Interesse und möchten Sie ermutigen, gemeinsam für diese gute Sache zu arbeiten.

Kontakt-Adressen
Leitstelle Kirchenburgen; im Landeskonsistorium
der Evangelischen Kirche in 550185 Sibiu. Str. General Magheru 4.
E Mail: office@projekt-kirchenburgen.ro

Heimatsortsgemeinschaften der ausgewanderten Siebenbürger Sachsen in Deutschland (HOG)
Asociațiile sașilor din localitățile de baștină în Germania(HOG)

Ministerul Culturii si Cultelor. Departamentul Patrimoniu:
Șoseaua Kisseleff nr.30. 011347 București. România
Tel. 021-2244662 Fax. 021-2243947 www.cultura.ro

Siebenbürgische Stiftung München

Mihail Eminescu Trust (Gestiftet von Prinz Charles, Großbritanien)

Asociatia Restauro Niermann. 545400 Sighisoara. Str. Muzeului 2
Președinte Dr. Karl Scheerer. E Mail: scheerer@elsig.ro

Proiect de cooperare romana-german. Reabilitarea Centrului istoric Sibiu.Ro 550183 Sibiu. Strada Avram Iancu 11. Tel: 0269 211988
Fax. 0269 269 211671

Empfohlene Bildbände zu der besprochenen Thematik:
Verlag Wort und Welt. Mit den Bildbänden:
Siebenbürgen im Flug
Das Burzenland
Hermannstadt und das alte Land
Hermann Fabini: Atlas der siebenbürgisch-sächsischen Kirchenburgen und Dorfkirchen Band II, MONUMENTA-Verlag Hermannstadt

Lob und Dank an alle HOGs und Einzelpersonen, die ihre Ensembles pflegen und zu deren Erhalt beitragen.
Ein Apell an alle HOGs, die es aufgegeben haben, ihre Kirchen zu versorgen und eine Bitte, ihre Haltung zu überdenken und zum Erhalt ihrer Denkmäler beizutragen.

Auch besonderen Dank an:

Elisabeth Axmann-Mocanu	Steffen Mildner
Vera Bott	Elena Pleniceanu
Klaus Daniel	Mihaela Proca
Liviana Dan	Erika Reiser
Corneliu Gaiu	Brigitte Rill
Simone Manthey	Martin Rill
Gabriele Mergenthaler	Karl Scheerer
	Iona Vlasiu

2005 Hahnbach. Geschädigter Innenraum
Hamba. Umiditate excesivă

2005 Hahnbach. Geschädigter Innenraum
Altar gestohlen. Altar furat
Hamba. Umiditate excesivă

2005 Hahnbach. Turmuhr
Hamba. Ceas în turn

Internet call for action to save the architectural monuments of Transylvania, Romania!

This report is an imperative call for action, which presents both the positive and the negative aspects of the situation in Transylvania.
There are on Transylvanian territory approximately 200 fortified churches, church forts and peasant churches, all unique in value.

Ever since the fall of the communist regime in 1989 and the subsequent exodus of the Saxons and Swabians of the area, around 20% of these monuments have been all but abandoned and left a prey to decay. A large part of these monuments is already severely damaged, so that any sort of repair seems useless and impossible, given the level of degradation and the probable costs of the enterprise. For instance: at Veseuş/Michelsdorf, Velţ/Wölz, the choir collapsed in 2002 and there is now free access inside the ruins; at Răvăşel/Rosch, the church has been abandoned, the building is unlocked, the common room is in ruins; the church of Buneşti/Bodendorf is about to fall to the ground, the defense towers are already partially mutilated; at Filitelnic/Felldorf the church is falling down and the common room and the parish house have disappeared; at Viile Tecii/Großeidau, both the church and the parish house / common room are partially wrecked; the church of Drăuşeni/Draas is in ruins, after the state started and then abandoned repair works; at Vulcan/Wolkendorf - near Mediaş – the interiors of both the church and the parish house are completely destroyed; at Criş/Kreisch, the tower is splitting apart from the nave due to the inclination and the facade is starting to deteriorate; at Sântioana/Johannesdorf the church has been abandoned for several years now, and the damage caused by the damp is immense; at Cund/Kund the church has been for years left unused and untended, and the school building is in ruins; at Şemlacu Mic/Klein-Schemlak (Banat) the interior of the church is completely devastated, the building is starting to collapse and anyone can walk freely among the ruins; at Şemlac/Schemlak (Banat) the German common house is a wreck, and so is the church, with its apse wall punctured by big holes. For almost all these monuments, one of the outbuildings – such as the school, the kindergarten, the common house, the parish house, the teacher's house, the fanfare room – or one of the inside walls have been abandoned and are going through a decay process (less so, almost not at all so, in Ţara Bârsei).

The seriousness of these decay instances can be easily noticed by comparing today's photographic documents with those of the '80s and '90s, which can be found, for instance, in "Atlas der siebenbürgisch-sächsischen Kirchenburgen und Dorfkirchen" (Atlas of the church forts and village churches of the Saxons in Transylvania), vol. 2, by architect Dr Hermann Fabini. Also available are the thousands of photos the author of this text took in 2004 and 2005, which feature approximately 200 monuments and give a comprehensive picture of the current situation. Many churches are locked, no longer tended, but only occasionally visited. As a consequence, a detrimental microclimate has been formed leading to the appearance of moulds and musts, which threaten and often destroy the valuable paintings and objects inside the church.

Many of these churches have been broken into, and their altar panels, chandeliers, candlesticks, pews, organs, organ tubes and textile objects stolen – and these have often been organized thefts by proxy. For instance, at Veseuşi/Michelsdorf the altar has been stolen; at Bradu/Girlsau there have been three burglaries, and the church is no longer used; at Vârd/Werd the font has been stolen, among other things; at Homorod a fragment of a Roman fresco of approximately 120x120cm has been peeled off by an expert hand and taken away; at Bălcaciu/ Bulkesch the font, some candlesticks and decorative pots are missing; at Ţapu/Absdorf there have been several burglaries, and 5 painted panels were stolen in 2002; at Metiş/ Martinsdorf there have been three breaks-in into the altar area, the 1730 altar painting was cut out of its frame in 2004, the 18th-century font was stolen and the alarm system impaired; at Altâna/Alzen there have been three burglaries and the 1430 font has been stolen.

The parish houses, the preachers' houses or the adjacent school houses have been vandalized, and now stand unguarded and open to all; they are falling apart and are sometimes used as cattle stables. A unique cultural domain is sinking into oblivion and nothingness.

A short history
Starting with the 11th century up until the 14th, a number of West-Europeans from the area between the Rhine and the Maas colonized the rich region bordered by the Carpathians in Transylvania. Despite the numerous unfavorable turns of fate due to the Tartar and Turkish invaders, the "Transylvanian Saxons" managed to endure as an ethnic group up until the 20th century. It was only the disastrous consequences of W.W.II, the loss of properties, the poverty, the humiliation and finally the communist regime with its privation of liberty and various constraints, that made the Transylvanian Saxons leave their country in great numbers (90% of them, approx. 120,000 people) and give in to Germany's "lure". In more than 850 years, this small ethnic group raised fortified churches and church edifices, provided with various defense systems, which are among the most valuable monuments of Europe. Most of them are placed in an impressive natural landscape, at the foot of the Carpathians, along river valleys such as the Olt/Alt, Mureş/Mieresch, Târnave/Kokel, Cibin/Zibin etc., or in beautiful wood areas. They stand as an impressive heritage of the colonists' history and of a solid community's determination to survive on Romanian territory.

Current situation of monument maintenance
The shock of that massive emigration proved to be beyond the possibilities of the Evangelic Church. Even though there have been attempts at new beginnings within the basic structures of church activity, a strong restructuring effort or a visible modernization of management is still missing.

Each evangelic pastor has in his care up to 13 localities, and in order to visit all the parishes he has to cover up to 600 km. The many confessional and social worries have thus been increasingly supplemented by problems relating to the decayed church monuments; the situation seems now desperate, because of the lack of both time and specialized assistance.

Many architectural monuments are taken care of by old, sometimes very old, people, and there is insufficient maintenance of these buildings. In almost all these places, there is no knowing who is going to continue the work, since as a rule these are the last evangelic inhabitants; some monuments are already left without any sort of protection.

Many Transylvanian villages are mostly peopled with Gypsy families who do not yet understand the value of these historical buildings and cultural assets and who contribute in their own way to their degradation. The empty buildings, which can often be entered at will, still host valua-

2005 Waldhütten. Valchid

2005 Waldhütten. Kurator
Valchid. Curator

2005 Waldhütten. Malereien auf der Empore
Valchid. Pictură pe balustradă

ble objects such as gothic tabernacles, sculptured friezes, window casements, pulpits and their decorations, pews, painted gallery panels, altar paintings, organ keyboards, organ boxes and ornaments, fonts or parts of fonts. The keyboards, the organ tubes and pedals, especially, which have been fiercely vandalized, offer a shocking sight.

What about the state?
Although under official protection as historical monuments, the Saxon churches receive only little attention from the authorities in charge with monument protection. There have only been local, individual actions, co-sponsored by organizations from abroad, which often cannot be completed, or if they are, the result is less than satisfactory. There is currently no comprehensive priority plan. Moreover, the authorities in charge with monument protection are facing the same problems the Evangelic Church is facing: the money is scarce, the Ministry of Culture budget allots too little for the restoration of the architectural monuments in Transylvania, except for a new program devised for the Sighișoara Citadel, the restoration works that once began ceased many years ago, as in Drăușeni/Draas, Rupea/Reps, Moșna/Meschen, Lechința/ Lechnitz and others. There is lack of qualified specialists, of transportation means, of car gas money, of office equipment, of topographic instruments, etc, even for the simplest maintenance works.

Since the maintenance of these buildings can no longer be left to the remaining Saxons, to the pastors or the Evangelic Church, other ways must be found. My wish is to alert the numerous associations of Transylvanian Saxons who have emigrated abroad, the foundations, private initiatives and associations that can contribute together to the preservation of the cultural heritage of Transylvania.

How is this call for action different from other initiatives?
A first step could be the organization of a "control base" connected to an "Internet platform", an easily accessed center where all the information, problems, questions and requests may be gathered. This may act as a point of input, a pool of information that brings together all the forces involved in the action for Transylvania, without the various groups and institutions giving up their autonomy and individual initiatives.

Further to the information exchange among the participants, new ideas, action plans and concepts may be born and discussed. Thus, the activities for the preservation of these monuments may become more effective. We are persuaded that by means of renting, leasing, and even wise selling, by means of finding new, even unconventional uses, as well as by means of attracting an international group of potential buyers or users, these architectural monuments can be helped to endure. In so doing, we expect that attention may be given also to smaller architectural monuments, which have been so far totally neglected. Of course, the first actors to be involved will be the owners, that is, the local church communities and the administration of the Evangelic Church of Sibiu.

To this end, an international promotion will be necessary, one that is adapted to the style of our modern times: a promotion of these architectural objectives that should be up to professional standards. All the monument ensembles will be presented to a large audience via the Internet, as well as via traditional media. This is a project that may involve an architect specialized in restorations, a building engineer with relevant experience, a competent (art) historian, who can provide swift and professional information to anyone interested and also act as guides in the field.

This control base will have a neutral status, i.e. it will not be subordinated to any organization or institution, but on the contrary, it is the institutions that will collaborate with the control base and participate in its organization. This is the only way to an open and transparent work, free from subordination to a single concept.

The attempts made by the administration of the Evangelic Church in finding suitable and financially resourceful tenants in Romania have been, with a few exceptions, unsuccessful. In the following years, thanks to the economic growth expected for Romania – especially since the prospected integration into the EU will open the country even more to the foreigners – the European public interested in Romania will become more and more numerous.

This is why it is imperative that the problems of the architectural monuments be approached as soon as possible and the best concepts found and applied from the very beginning. Of course, the criteria for the usage of church spaces should not be restrictive: they may well be used to host hotels, company offices, crafts units, workshops, or other religious cults, as has been the case in many other similar situations.

What are the advantages of investing in Transylvania?
The special resonance of the name Transylvania is widespread all over the world: it evokes the image of spacious areas and of the spectacular Carpathian Mountains. Although closely linked to the name Transylvania, the rural and urban architecture of this area is not yet very well known, and the fortified ensembles may be said to be completely ignored.
Transylvania is a region impregnated with history, an area where Romanians, Austrians, Magyars, Germans and Turks have lived together for centuries. As a result, it is now a variegated cultural space, with various configurations that coexist and commingle.

The somewhat "isolated" situation of the region has so far prevented a rash and thoughtless "occidentalization", so that the original, specific way of life has been preserved which – by comparison with the commotion of industrialized countries – looks peaceful and calm. Some areas offer complete quiet, others the hospitality and human relationships typical of rural communities, while the towns present the stir of busy commerce and an interesting cultural offer.

Although these villages are partly isolated, any of them can be accessed by car, while shops and crafts workshops can be found either in the respective village or in an immediately neighboring one. The towns nearby – Brașov/Kronstadt, Cluj-Napoca/Klausenburg, Sibiu/Hermannstadt, Sebeș/Mühlbach, Sighișoara/ Schäßburg sau Târgu Mureș/Neumarkt – offer supplies of nearly everything one may need. They are connected by national main roads in good shape, and a highway is already being built which will go across the entire Ardeal, from Oradea/Großwardein all the way to Bucharest. All the bigger cities are directly connected with an international airport.

Possibilities
The preservation criteria listed above are not to be applied in a restrictive manner, but distinct concepts will be elaborated and put into practice for each particular objective.

• Partnerships (around the world) for each individual objective, which will ensure, for instance by means of monthly contributions, the mini

2005 Waldhütten. Köhlerei
Valchid. Cărbunar

2005 Schmiegen. Orthodoxe Einrichtung
Smig. Biserică preluată de comunitatea ortodoxă

2005 Waldhütten. Turmuhr
Valchid. Ceas în turn

mum of protection and maintenance of the monument. The collaboration of village communities with the HOG (Heimatortgemeinschaften = the association of persons born in these villages and now residing in Germany) has already been fruitful in restoring some of the ensembles. Targeted partnerships can help rebuild a church, a tower, a school, a parish house, an organ, or other objects.

- Renting/selling some parish houses, schools or the entire architectonic ensemble to private persons, tourism companies, religious communities, artists, firms specialized in organizing events, or commercial associations, from all over the world.

- Analyses, studies, projects and models will be drawn for the various objectives and their specific problems by estate agencies, investors, architects, curators, design engineers, sociologists, artists and students. This is a way for the future owners to think of innovating possibilities in using the objective.

- One or two objectives may be turned into entertainment sites, in the manner of complex settings, of the "son et lumière" type, staging historical situations, e.g. the invaders' attack on medieval fortified churches. Such a spectacular project should be entrusted to specialized firms, such as the firm that built the installation at "The London War Museum", or others. Alternatively, the old city sites around the towns may become part of the Film Festival in Cluj-Napoca or the Theater Festival in Sibiu and be used for performances specially designed to reflect the historical significance of the respective area or of Transylvania in general. Permanent installations may also be raised in particular sites/cities.

- The enhancement and modernization of the commercial offer, e.g. by opening shops selling specialized information materials, as well as objects and souvenirs produced in the area, cafes in the city (Burg-Cafés), or temporary motels, if there is enough tourist demand – see, for instance, the Italian entrepreneur's success, Mr. Brega's, with the fortress of Rosenau-Râșnov, near Brașov, where the restoration is going on and visitors are coming frequently – an example to be followed.

In the case of the effervescent Orthodox communities which were oppressed in the post-war period, it has been possible to rebuild thousands of churches after 1990, most of them of remarkable size. Equally, other confessions and cults have been able to raise a great number of churches, based on substantial budgets.
Thus there is a marked contrast in Romanian urbanism between these cases and the poor state of the Saxon and Swabian churches, as well as of most of the synagogues.

FINAL PLEA

We take the current situation to be a historic moment of help, solidarity and "awakening"! Unless Transylvania is promoted abroad, most of her uniquely valuable monuments will be sooner or later lost for good. The fortified churches, the church forts, and the architectural ensembles in their entirety are important and worth preserving not only because they represent a chapter in the history of architecture, because they are valuable testimonies to the history of art and because they preserve unique elements typical of defense architecture. But they also testify to the evolution of the human communities from the 12th to the 21st century, in a delimited area marked by wars, invasions and changing power relations.

The "Transylvania Ensemble" is unique as a whole. The loss of any one of the monuments in this cultural space is painful, since the specificity, charm and uniqueness of Transylvania is due to their totality, rather than to one objective or another taken separately. That is why we must aim at a complete preservation of the monuments still extant.

2004 Peter Jacobi

Please contact us if you wish to become involved in the Transylvania project, if you are interested in the state of the constructions or if you need more information. We would be glad to know you are concerned and we encourage everyone to join us for this noble cause.

Contacts
Leitstelle Kirchenburgen; im Landeskonsistorium
der Evangelischen Kirche in 550185 Sibiu. Str. General Magheru 4.
E Mail: office@projekt-kirchenburgen.ro

Heimatsortsgemeinschaften der ausgewanderten Siebenbürger Sachsen in Deutschland (HOG)
Asociațiile sașilor din localitățile de baștină în Germania(HOG)

Ministerul Culturii si Cultelor. Departamentul Patrimoniu:
Șoseaua Kisseleff nr.30. 011347 București. România
Tel. 021-2244662 Fax. 021-2243947 www.cultura.ro

Siebenbürgische Stiftung München

Mihail Eminescu Trust (Gestiftet von Prinz Charles, Großbritanien)

Asociatia Restauro Niermann. 545400 Sighisoara. Str. Muzeului 2
Președinte Dr. Karl Scheerer. E Mail: scheerer@elsig.ro

Proiect de cooperare romana-german. Reabilitarea Centrului istoric Sibiu.Ro 550183 Sibiu. Strada Avram Iancu 11. Tel: 0269 211988
Fax. 0269 269 211671

Recomanded books:
Verlag Wort und Welt. Mit den Bildbänden:
Siebenbürgen im Flug
Das Burzenland
Hermannstadt und das alte Land
Hermann Fabini: Atlas der siebenbürgisch-sächsischen Kirchenburgen und Dorfkirchen Band II, MONUMENTA-Verlag Hermannstadt

Special thanks to all emigrant organisations (HOG) in Germany, who takes care on their ancient churches.
An apel to all HOG´s who have renounced to help for the maintenance of their ensembles, to start again restauration actions.

2005 Zendersch. Ungenutzte Kirche
Senereuș. Biserică nefolosită

2005 Zendersch. Deckengewölbe
Senereuș. Boltă

2005 Zendersch. Von der HOG gepflegte Kirche
Senereuș. Biserică îngrijită de emigranți

Peter Jacobi

1935 *	Ploiești, România
1954-61	Bildhauerstudium. Studiază Sculptură, Academia de Artă, București
1970	Übersiedlung nach Deutschland. Se mută în Germania
1971-98	Professor, Hochschule für Gestaltung/University of Applied Arts, Pforzheim

Einzelausstellungen
Expoziții Personale (Auswahl, Selecție)

1965	București, Galeria Simeza
1970	Biennale di Venezia, Pavilionul Român
1976	Mannheim, Kunsthalle*
1977	Baden-Baden, Staatliche Kunsthalle. Gesellschaft der Freunde junger Kunst*
1981	Detroit, the Institute of Arts. Chicago, the Museum of Contemporary Art, The Los Angeles County Museum of Art*
1982	Aalborg, Denmark Nordjyllands Kunstmuseum* Stockholm, Liljevalchs Konsthall*
1984	Paris, Musée d`Art Moderne de la Ville de Paris*
1996	Bratislava, Month of Photography, Galerie im Zichho palác
1999	Oronsko, Poland, the Polish Museum of Contemporary Sculpture Regensburg, Stiftung Museum Ostdeutsche Galerie
2002	București, Muzeul Național de Artă al României, Retrospektivă
2006	Stiftung für Konkrete Kunst, Roland Phleps, Freiburg
2007	Sibiu. Ferula der Stadtpfarrkirche. Fotoausstellung "Siebenbürgische Kirchenburgen" Biserica evanghelică. Expoziție de fotografiie. "Cetatile fortificate ale sasilor din Transilvania"

Ausstellungsbeteiligungen
Participări la expoziții de grup (Auswahl, Selecție)

1967	Antwerpen, Middelheim, " 9. Biennale", Kunsthistorische Musea
1973	Sao Paolo, 12. Biennale, " Arte Communication"*
1980	Lahr, Sonnenplatz, " Internationales Stein-Bildhauer-Symposium" Fellbach, "1. Triennale der Kleinplastik" sowie, și 1983 și 1986
1983	Sindelfingen. Galerie der Stadt. „Deutsche Bildhauer des 20ten Jahrhunderts"
1984	Stuttgart, Kunstverein, " Kunstlandschaft Bundesrepublik" Frankfurt Kunstverein, Kassel, Kunstverein. Wiesbaden, Kunstverein Duisburg, Lehmbruck-Museum. "Dreidimensional", Aktuelle Kunst aus Deutschland Mannheim, Kunsthalle. Tokyo, the National Museum of Modern Art
1989	Stuttgart, „Plastik im Freien', Stadt Stuttgart
1990	Esslingen, „Plastik der 80er Jahre im Südwesten'
1990-96	Karlsruhe, Skulptur im Stadtbild
1995	Stuttgart Kunstverein, „Techno Technik"
1996	Muhlhouse."La figure d`Homme dans la photographie"
1999	Guilin China, Yuzi Paradise, International Sculpture Park, Sculpture Symposium
2006	Peijing, Endauswahl Skulpturenwettbewerb für Olympiagelände. Expozitia finala a Concursului pentru parcul de sculptură a olimpiadei 1. Preis und Auftrag "Nationales Holocaust Memorial", București, România Câștigă Concursul, și primește comanda de execuție pentru realizarea Memorialului Holocaustului din România

Werke in öffentlichen Sammlungen
Lucrări in colecții publice

Berlin, Kunstgewerbemuseum*
București, Muzeul Național de Artă
București, Muzeul Național de Artă Contemporană
Cluj, Muzeul Național de Artă
Craiova Stadion
Craiova Muzeul de Artă
Freiburg im Breisgau, Museum für Neue Kunst
Hamburg, Museum für Kunst und Gewerbe*
Heilbronn, Städtische Museen
Karlsruhe, Badisches Landesmuseum
Kyoto, The National Museum of Modern Art*
Mannheim, Städtische Kunsthalle
Marl, Skulpturenmuseum
New York, American Craft Museum*
Paris, Musée d´Art Modern de la Ville de Paris*
Regensburg, Museum Stiftung Ostdeutsche Galerie
Rom, Galleria Nationale d`Arte Moderna*
Sibiu, Muzeul Național Brukenthal
Stuttgart, Staatsgalerie
Stuttgart, Kunstmuseum
Sydney, Power Gallery of Contemporary Art*
Wien, Museum des 20ten Jahrhunderts
Zürich Museum Bellerive*
Guilin, Yuzy Paradise, Sculpture Garden
City collection of Zhengzhou, China

PS: Die mit Sternchen * markierten Daten sind Werke und Aktivitäten, die mit Ritzi Jacobi als Team realisierte wurden

www.peterhjacobi.de